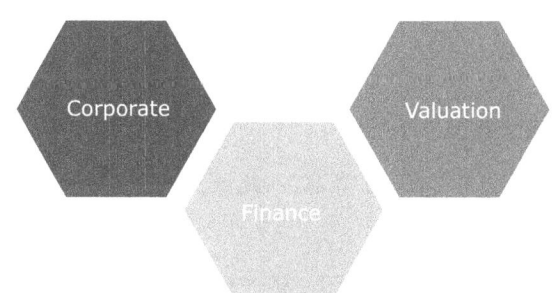

周期性公司估值：
理论与实证

Theoretical and Empirical Study on
Cyclical Company Valuation

陈蕾 著

首都经济贸易大学出版社
Capital University of Economics and Business Press
·北京·

图书在版编目(CIP)数据

周期性公司估值:理论与实证/陈蕾著. —北京:首都经济贸易大学出版社,2017.8
ISBN 978-7-5638-2704-6

Ⅰ.①周… Ⅱ.①陈… Ⅲ.①公司—资产评估 Ⅳ.①F276.6

中国版本图书馆 CIP 数据核字(2017)第 213205 号

周期性公司估值:理论与实证
陈 蕾 著
ZHOUQIXING GONGSI GUZHI:LILUN YU SHIZHENG

责任编辑	陈雪莲
封面设计	风得信·阿东 FondesyDesign
出版发行	首都经济贸易大学出版社
地　　址	北京市朝阳区红庙(邮编 100026)
电　　话	(010)65976483　65065761　65071505(传真)
网　　址	http://www.sjmcb.com
E - mail	publish@cueb.edu.cn
经　　销	全国新华书店
照　　排	北京砚祥志远激光照排技术有限公司
印　　刷	人民日报印刷厂
开　　本	710 毫米×1000 毫米　1/16
字　　数	218 千字
印　　张	12.75
版　　次	2017 年 8 月第 1 版　2017 年 8 月第 1 次印刷
书　　号	ISBN 978-7-5638-2704-6/F·1507
定　　价	39.00 元

图书印装若有质量问题,本社负责调换
版权所有　侵权必究

前　言

　　经济增长总是在平衡与不平衡的矛盾运动中波浪式前进，并呈现出一种开始向上、然后向下、再重新向上的反复周期性运动，继而形成经济周期。不同行业变动时，也往往随之呈现出明显、可测的增长或衰退格局，只是和宏观经济周期波动之间的关系密切程度存在差异。据此，我们将不同行业分为周期性行业和非周期性行业。其中，周期性行业是指运动状态和宏观经济波动相关性较强的行业，在经济处于上升时会紧随其扩张，在经济衰退时也会相应衰落。周期性行业可进一步分为消费类和工业类周期性行业；非周期性行业则是指那些不受宏观经济影响或受宏观经济影响较小的行业，可进一步分为防守性行业和增长性行业。对于其中的周期性行业：

　　第一，周期性行业地位举足轻重且转型升级态势凸显。作为国家资源配置的重点，周期性行业在我国国民经济中的地位举足轻重，其稳定发展直接关系到宏观经济平稳运行；但当前国内外经济形势必然加剧我国周期性行业分化，进而形成不同的市场运行特征。一方面，在经济全球化影响下，中国经济与世界经济交融日益紧密；而后危机时代的世界经济格局与危机前相比已迥然不同。党的十八大报告也指出，"国际金融危机影响深远，世界经济增长不稳定不确定因素增多"。这种形势下，周期性行业的波动率会显著大于非周期性行业。另一方面，在"新常态"下，我国经济正处于增长速度换挡期、结构调整阵痛期、前期刺激政策消化期的"三期叠加"时期，即速度从高速增长转为中高速增长，经济结构不断优化升级，动力从要素驱动、投资驱动转向创新驱动。在这一过程中，周期性行业必然面临转型升级的严峻考验。此外，混合所有制改革可能带来的企业改制与重组也将使国有企业迎来大分化、大调整、大改组；鉴于资产体量与重要性，周期性行业在改革中更应站在队伍的最前列。毋庸置疑，周期性行业已逐渐成为政界、业界和学界关注的焦点。

第二，周期性行业兼并重组浪潮促使相关估值问题受关注。十八大报告指出，要推进经济结构战略性调整；要加快传统产业转型升级，合理布局建设基础设施和基础产业；要推动国有资本更多投向关系国家安全和国民经济命脉的重要行业和关键领域。在此之前，工业和信息化部（简称"工信部"）也早于2011年7月表示，我国将推进八大重点行业兼并重组，其中包括汽车、钢铁、水泥、机械制造、电解铝、稀土、电子信息和医药等重点行业的企业兼并重组。十二部门更是于2013年1月联合下发《关于加快推进重点行业企业兼并重组的指导意见》（工信部联产业〔2013〕16号），对汽车、钢铁、水泥、船舶、电解铝、稀土、电子信息、医药和农业产业化共九大行业和领域的兼并重组工作提出了主要目标和重点任务，其中特别明确了拟应达到的产业集中度要求，这对此类企业兼并重组将起到实质性的推动作用。不难看出，上述传统产业、基础产业、重要行业乃至几大重点行业大多属于周期性行业，周期性公司的重估机会也随之渐行渐近。此后，国务院也于2014年3月发布《关于进一步优化企业兼并重组市场环境的意见》（国发〔2014〕14号），提出"兼并重组是企业加强资源整合、实现快速发展、提高竞争力的有效措施，是化解产能严重过剩矛盾、调整优化产业结构、提高发展质量效益的重要途径"。然而，周期性公司估值问题历来是国内外评估界的难题；周期性公司盈利不稳定等特征，使其在估值方面较之一般公司存在更多困难。因此，其在兼并重组中的估值问题也日益成为理论界和实务界共同关注的焦点。

第三，剧烈波动的新经济环境进一步加剧周期性公司的估值难度。资产估值、定价与所处的经济环境密切相关。在经济增长期和经济衰退期，投资者对同一资产的价值预期和判断会大不相同。近年来，资本市场随着宏观经济环境的不稳定而剧烈起伏。于是，在总体繁荣向上的经济周期大背景下产生的现行公司估值体系，受到了与过去截然不同的新经济环境的严重挑战，三大传统公司估值途径之收益途径、市场途径和成本途径的适用性均受到不同程度的影响。首先，收益途径在企业估值实务中应用最为广泛，其估值前提是能合理测算未来收益额、折现率、收益期等参数。在经济剧烈波动条件下，对公司未来发展和盈利状况的清晰了解与准确估计已经非常困难，再加上评估结果对参数的变动非常敏感，因而收益途径受到全面的挑战。其次，市场途径多依赖于可比市场的可比公司数据，其前提是市场有效、可比对象具有参考价值。在经济剧烈波动乃至市场失灵、无法寻求到公允市场或交易的情况下,市场途径作为交易价格发现工具的可用性已大为降低,作为长期股权价值评估工具时更是受到质疑。最后,成本途径由于无法把握企业整体价值,适用性原本就相对较差。而重置成本测算中的资产价格在经济剧烈波动条件下也随之剧烈波动,导致适用性进一步变差。应该看到,周期性行业的景气度与外部宏观经济环境高度正相关,宏观经济因素波动对周期性公司的价值影响巨大,所以上述挑战和影响对周期性公司而言更加严峻。即便是成熟期的周期性公司,其利润和现金流等指标也会有很大的波动性。这进一步凸显出对我国周期性公司估值模型进行改进与完善的必要性。

可见,无论是周期性行业的转型升级态势和兼并重组浪潮,还是剧烈波动的新经济环境对公司估值合理性的挑战,都对周期性公司估值体系的完善提出迫切要求。对周期性公司估值问题开展应用基础研究,既是对公司估值理论薄弱环节的强化,又是对周期性公司估值问题研究的拓展,同时能为周期性公司在兼并重组过程中和经济剧烈波动条件下的估值定价与价值管理等提供技术支持和实践指导,为政府部门制定产业发展与评估管理政策提供参考,因而具有重要的理论意义和现实意义。

在此背景下,本书在回顾与梳理国内外相关研究的基础上,运用资产评估学、金融学、计量经济学、产业经济学的相关理论与方法,对周期性公司估值难题展开理论与实证研究。本书共分四篇十一章,其主要内容如下:

第一篇,周期性公司估值理论分析。本篇分为三章,主要介绍周期性公司估值问题国内外研究现状、周期性行业的范围界定与演进轨迹,以及周期性公司估值的关键参数及其影响。其中:

第一章,周期性公司估值问题研究现状与述评。本章通过对国内外相关、次相关文献进行回顾与梳理,从公司估值理论与途径、周期性行业及公司界定、周期性公司估值方法、宏观经济与公司估值关联问题等不同层次分析周期性公司估值问题的研究现状与未来研究趋势;在此基础上,确立本书的研究视角、方向与重点。

第二章,周期性行业的范围界定与演进轨迹。本章具体围绕深证指数分类法和《国民经济行业分类》(GB/T4754—2011),对周期性行业进行范围界定;并进一步以1990—2014年为研究区间,对我国周期性行业在总体规模、占比地位、行业分布、并购态势等方面的演进轨迹展开实证研究。以此为与周期性公司估值折现率测算相关的统计分析和细分研究提供数据支撑和样本依据。

第三章，周期性公司估值的关键参数及其影响。本章以收益途径中最具代表性的现金流折现（Discounted Cash Flow，DCF）模型为例，剖析周期性公司估值模型的关键参数，并结合案例模拟 DCF 模型中可能涉及的多种具体参数组合，分析参数选取对周期性公司估值结果的影响，以此论证参数的适当选取与测算对周期性公司合理估值的关键作用。

第二篇，周期性公司估值与收益途径应用。本篇分为四章，主要介绍资本资产定价模型和套利定价模型在周期性公司估值折现率测算中的应用，以及退出倍数法和情景分析法在周期性公司估值收益额测算中的应用。其中：

第四章，周期性公司估值、折现率测算与资本资产定价模型。本章针对折现率测算中应用较广的资本资产定价模型（Capital Asset Pricing Model，CAPM）从理论上剖析其 Beta 系数跨期时变、时间要素设定差异对系统性风险度量及公司估值结果的影响；并在梳理相关文献研究的基础上，以 2005—2014 年为样本周期，以我国沪深 A 股市场中典型周期性行业为研究对象，对理论分析结论进行实证检验，据此提出提高 Beta 系数解释能力以及 CAPM 有效性的建议。

第五章，周期性公司估值、折现率测算与套利定价模型（Arbitrage Pricing Theory，APT）。为合理考量宏观经济因素对周期性公司估值折现率的影响，本章在梳理相关文献研究的基础上，针对具有应用难度与争议的 APT，以 2006—2015 年为样本周期，以我国沪深 A 股市场中典型周期性行业为研究对象，实证检验 APT 应用于周期性公司折现率测算的适用性，并归纳提出具体的应用建议。

第六章，周期性公司估值、收益额测算与退出倍数法。对于周期性公司估值中的收益额测算难题，除了已有研究提出的收益额平均化、标准化或正常化思路外，本章提出可以采用退出倍数法对常规的收益法模型进行改进。对此，本章一方面系统构建退出倍数法的理论框架，另一方面结合周期性公司估值实例对退出倍数法进行模拟应用和提出具体建议。

第七章，周期性公司估值、收益额测算与情景分析法。本章在回顾国内外已有研究的基础上，系统剖析情景分析法在周期性公司估值中的应用步骤、模型选择、应用难点与解决路径，并结合微案例对情景分析法应用于周期性公司估值的关键环节进行模拟演示。

第三篇，周期性公司估值与不确定性分析。本篇分为两章，主要介绍敏感性分析在周期性公司估值中的应用，以及蒙特卡罗模拟在周期性公司估值中的应用。其中：

第八章，周期性公司估值与敏感性分析。本章将敏感性分析这一不确定性分析技术与周期性公司估值相关联，具体结合周期性公司估值案例，对单因素、双因素、多因素等不同敏感性分析方法分别进行模拟应用并作比较分析，进一步提出不同敏感性分析在周期性公司估值中的应用与选择建议。

第九章，周期性公司估值与蒙特卡罗模拟。作为敏感性分析的补充，本章继续探讨蒙特卡罗模拟这一不确定性分析工具在周期性公司估值中的应用，具体从讨论蒙特卡罗模拟应用于公司估值的基本思路与具体步骤入手，结合周期性公司估值实例，分别对蒙特卡罗模拟进行应用演示和提出具体建议。

第四篇，周期性公司估值研究展望。本篇分为两章，主要介绍宏观经济因素考量视角下的周期性公司估值框架构建思路及本书的研究结论与展望。其中：

第十章，周期性公司估值框架构建。本章从系统性研究目标出发，尝试构建周期性公司估值的整体框架，特别是将宏观经济因素纳入其中，分别提出两种宏观经济因素考量视角下的收益途径应用思路和市场途径应用思路，为后续进一步深入宏观经济因素与周期性公司估值的联动研究奠定基础。

第十一章，研究结论与展望。本章对主要研究结论进行归纳和汇总，同时对周期性公司估值领域需要进一步深入研究的方向和内容进行思考与展望。

本书在已有文献成果的基础上进行探索性尝试与拓展，得出了具有理论与实践意义的研究结论。其特色和可能的创新之处主要体现在三个方面：一是针对现实形势对周期性公司估值的紧迫需求与合理性挑战，提出"完善周期性公司估值体系"这一命题，以合理考量宏观经济因素为突破口，探索周期性公司估值框架的构建思路，尝试强化公司估值理论薄弱环节，拓展周期性公司估值问题研究，这是本书在学术思想上的可能创新。二是以剖析参数选取对周期性公司估值的影响为基础，立足于收益途径之折现率测算研究视角，针对应用广泛却受到质疑的CAPM和理论优越却难以实践的APT，提出提高CAPM和APT的适用性和有效性的具体建议；立足于收益途径之收益额测算研究视角，针对现有理论体系与文献研究较为薄弱的退出倍数法和情景分析法，系统构建其理论框架并结合周期性公司估值实例进行模拟应用和提出具体建议；同时辅之以不同敏感性分析方法和蒙特卡罗模拟的合理采用建议，以提高周期性公司估值的合理性，这是本书在学术观点上的可能创新。三是综合采用文献研究法、调研访谈法、比较研究法、OLS方法、Chow 检验法、多元回归模型、概率树分析法、正交分析法等研究方法，分别从理论分析和实证分析的不同层面，研究周期性公司估值问题，形成具有理论与实际意义的研究结论，这是本书在研究方法上的可能创新。

鉴于周期性公司估值属于公司估值领域的难点与前沿问题，本书除了能为周期性公司估值相关理论研究、实践操作及政策制定等提供数据基础、理论依据和实践指导外，其大部分研究结论对于一般性公司估值问题也具有普适性，因而亦可作为一般公司估值实务的案头参考。此外，本书还可满足高等院校资产评估专业本科生和研究生高级课程的教学需要。

受笔者学识和经验所限，书中难免存在疏漏和不当之处，希望各位读者提出宝贵建议。

目 录
CONTENTS

第一篇 周期性公司估值理论分析

第一章 周期性公司估值问题研究现状与述评 / 3
第一节 关于周期性公司估值问题的国内外研究现状 / 3
一、公司估值理论与途径 / 3
二、周期性行业及公司界定 / 4
三、周期性公司估值方法与途径 / 5
四、宏观经济与周期性公司关联问题 / 7
第二节 研究述评及结论 / 10
一、关于周期性行业及公司界定标准的研究有待细化 / 10
二、关于周期性公司估值研究的全面性、系统性有待强化 / 10
三、收益途径在周期性公司估值中的应用研究有待优化 / 11
四、宏观经济因素对周期性公司估值影响的定量研究有待深化 / 11
第二章 周期性行业的范围界定与演进轨迹 / 12
第一节 我国周期性行业的范围界定 / 12
一、基于深证指数分类法的范围界定 / 12
二、基于《国民经济行业分类》（GB/T 4754—2011）的范围界定 / 13
第二节 对我国周期性行业演进轨迹的实证分析 / 15
一、周期性公司界定原则与样本选取 / 16
二、周期性公司总体规模与占比地位 / 17
三、周期性公司行业分布 / 18
四、周期性行业并购态势 / 22
五、实证分析结论 / 24

第三章 周期性公司估值的关键参数及其影响 / 26
第一节 周期性公司估值模型的关键参数 / 26
一、未来自由现金流及其具体测算参数 / 26
二、折现率及其具体测算参数 / 27
第二节 参数选取影响周期性公司估值的实证分析 / 29
一、样本公司估值模型中的参数选取与测算 / 29
二、参数选取对样本公司估值结果的影响分析 / 34
三、实证分析结论 / 35

第二篇 周期性公司估值与收益途径应用

第四章 周期性公司估值、折现率测算与资本资产定价模型 / 39
第一节 Beta 系数跨期时变与周期性公司估值 / 39
一、Beta 系数跨期时变对周期性公司估值的可能影响 / 39
二、有关 Beta 系数跨期时变问题的文献回顾 / 40
第二节 资本资产定价模型应用于周期性公司估值的实证分析 / 42
一、理论分析与研究设计 / 42
二、样本数据与描述性统计 / 49
三、对 Beta 系数跨期时变特征的实证检验 / 53
四、对周期性公司估值结果影响的实证模拟 / 58
五、实证分析结论及建议 / 60

第五章 周期性公司估值、折现率测算与套利定价模型 / 62
第一节 套利定价模型的影响因素与适用性研究 / 62
一、套利定价模型的影响因素 / 62
二、套利定价模型的适用性 / 63
第二节 套利定价模型应用于周期性公司估值的实证分析 / 64
一、理论分析与研究设计 / 64
二、关于套利定价模型应用效果的实证检验 / 66
三、实证分析结论及建议 / 70

第六章 周期性公司估值、收益额测算与退出倍数法 / 72

第一节 退出倍数法的理论框架构建 / 72

一、退出倍数法的应用背景 / 73

二、退出倍数法的基本思路 / 73

三、退出倍数法的模型推导 / 74

四、退出倍数法的应用步骤 / 75

五、退出倍数法的适用范围 / 77

六、使用退出倍数法的注意事项 / 77

第二节 退出倍数法应用于周期性公司估值的案例分析 / 78

一、退出倍数法在周期性公司估值中的案例应用 / 78

二、案例分析结论及建议 / 83

第七章 周期性公司估值、收益额测算与情景分析法 / 85

第一节 有关情景分析法及其应用于周期性公司估值的文献回顾 / 85

一、情景分析法相关背景与研究现状 / 85

二、情景分析法应用于周期性公司估值相关研究 / 87

三、研究述评 / 88

第二节 情景分析法在周期性公司估值中的应用步骤与模型选择 / 88

一、情景分析法在周期性公司估值中的应用步骤 / 89

二、情景分析法应用于周期性公司估值的模型构建与选择 / 91

第三节 情景分析法在周期性公司估值中的应用难点与解决路径 / 96

一、情景分析法在周期性公司估值中的应用难点 / 96

二、情景分析法应用于周期性公司估值的未来情景构建 / 97

三、情景分析法应用于周期性公司估值的情景概率确定 / 99

第三篇 周期性公司估值与不确定性分析

第八章 周期性公司估值与敏感性分析 / 107

第一节 敏感性分析及其在公司估值中的应用现状 / 107

一、敏感性分析的不同类型 / 107

二、敏感性分析在公司估值中的应用现状 / 108

第二节 不同敏感性分析应用于周期性公司估值的实证比较 / 110

一、理论分析与研究设计 / 110

二、单因素敏感性分析应用步骤与结果分析 / 113

三、双因素敏感性分析应用步骤与结果分析 / 114

四、多因素敏感性分析——正交分析法应用步骤与结果分析 / 116

五、实证结果比较及结论 / 119

第九章 周期性公司估值与蒙特卡罗模拟 / 121

第一节 蒙特卡罗模拟在公司估值中的应用思路与步骤 / 121

一、蒙特卡罗模拟应用于公司估值的基本思路 / 121

二、蒙特卡罗模拟应用于公司估值的具体步骤 / 122

第二节 蒙特卡罗模拟应用于周期性公司估值的案例分析 / 123

一、蒙特卡罗模拟在周期性公司估值中的案例应用 / 123

二、案例分析结论及建议 / 132

第四篇 周期性公司估值研究展望

第十章 周期性公司估值框架构建 / 135

第一节 基于周期性公司估值框架构建的实证研究 / 135

一、理论分析与研究设计 / 135

二、宏观经济因素与周期性公司价值指标关联研究 / 138

第二节 宏观经济因素考量视角下的周期性公司估值框架构建 / 142

一、周期性公司收益途径估值框架 / 142

二、周期性公司市场途径估值框架 / 143

三、结论及展望 / 145

第十一章 研究结论与展望 / 146

第一节 主要研究结论 / 146

一、关于周期性行业的范围界定与演进轨迹 / 146

二、关于周期性公司估值的关键参数及其影响 / 146

三、关于资本资产定价模型在周期性公司估值折现率测算中的应用 / 147

四、关于套利定价模型在周期性公司估值折现率测算中的应用 / 147

五、关于退出倍数法在周期性公司估值收益额测算中的应用　/ 148
　　六、关于情景分析法在周期性公司估值收益额测算中的应用　/ 148
　　七、关于敏感性分析在周期性公司估值中的应用　/ 149
　　八、关于蒙特卡罗模拟在周期性公司估值中的应用　/ 149
　　九、宏观经济因素考量视角下的周期性公司估值框架构建　/ 150
第二节　下一步研究展望　/ 150
　　一、进一步将宏观经济因素纳入周期性公司估值模型　/ 150
　　二、继续优化市场途径在周期性公司估值中的应用研究　/ 151

附录

附录一　基于两种分类规则下的周期性行业范围界定　/ 155
　　一、基于深证指数分类法和 CSMAR 数据库行业指标　/ 155
　　二、基于国家标准〔2011〕　/ 157
附录二　非周期性行业 Beta 系数跨期时变特征及估值研究　/ 158
　　一、问题提出　/ 158
　　二、理论分析与研究设计　/ 159
　　三、样本数据与描述性统计　/ 162
　　四、实证结果及分析　/ 166
　　五、结论及比较　/ 175

参考文献　/ 177

后记　/ 187

第一篇 周期性公司估值理论分析

第一章　周期性公司估值问题研究现状与述评
第二章　周期性行业的范围界定与演进轨迹
第三章　周期性公司估值的关键参数及其影响

第一章 周期性公司估值问题研究现状与述评

本章对周期性公司估值相关专题的研究成果进行搜集与梳理,为后续章节相关研究提供参考借鉴和奠定理论基础,主要包括对周期性公司、周期性行业、估值、定价、方法、途径、宏观经济等中英文主题组合进行文献检索,检索范围为中国期刊全文数据库、中国优秀博硕士学位论文数据库、中国重要报纸全文数据库、ProQuest 博士论文全文数据库、Emerald Fulltext 等 5 个文献数据库、谷歌中英文搜索引擎的检索结果以及评估相关准则或经典著作。

第一节 关于周期性公司估值问题的国内外研究现状

本节主要从公司估值的理论与途径、周期性行业及公司的界定、周期性公司的估值方法与途径、宏观经济与公司估值的关联问题等四个方面对有关文献进行回顾与评述。

一、公司估值理论与途径

关于公司估值理论与途径的研究,是周期性公司估值研究的理论基础。从一般理论看,经济学发展史上先后出现过劳动价值论、资本价值理论、效用价值论和客户价值理论等各种价值理论。价值评估中的成本途径(Cost Approach)是基于劳动价值论的观点,收益途径(Income Approach)是基于效用价值论的观点,而市场途径(Market Approach)是基于均衡价值论的观点。成本途径(也称为资产基础法,Asset Based Approach)、收益途径和市场途径正是着眼于当前市场发达国家公司估值途径的规范体系时的三种主要估值途径。

从经典理论看,对企业价值进行量化的理论体系的建立,最早可追溯到 1906

年欧文·费雪（Irving Fisher）的资本价值理论，以及 1958 年弗兰科·莫迪利安尼（Franco Modigliani）和默顿·米勒（Merton Miller）的 MM 定理。1964 年，威廉·夏普（William Sharpe）、约翰·林特（John Linter）、莫辛（Jan Mossin）等同时创立资本资产定价模型（CAPM）。1967 年，达莫达兰（Damodaran）提出相对定价法。进入 20 世纪 70 年代，在经济金融化的新形势下，公司估值的理论研究更加深入。一般认为，现行公司估值的途径大体可分为三大系列：基于现代价值评估理论的绝对（内在）价值法、基于市场可比公司的相对价值法、基于资产负债表的资产基础法。其与上文提及的三种主要估值途径存在一一对应关系。1986 年，美国西北大学的阿尔弗雷德·拉巴波特（Alfred Rappaport）提出 DCF 模型的基本原理，也被称作拉巴波特模型（Rappaport Model）。现金流折现模型被视为是对企业和股票估值的最严谨的方法，属于绝对（内在）价值法，也是收益途径的典型代表。

二、周期性行业及公司界定

谈及周期性行业及公司的界定问题，现有研究分别从定性和定量层面对周期性行业界定问题展开分析。在定性分析方面，国内外学者普遍认为，周期性行业是对经济周期变化比较敏感的一种行业。周期性公司在困难时期可以通过削减福利或停工来应对收入波动，在景气时期则通常会支付奖金并增加雇用人数。典型的周期性行业多是建立在许多国家经济环境内的一些最稳定、持久的行业，且一般会涉及大量耐用品的生产。其中，具有代表性的观点主要有：希尔等（Heer et al，2000）强调，金属原料行业和交通设备制造业是两种周期性最强的行业；航空运输、化工、造纸和钢铁行业也属于周期性行业，食品饮料制造业、烟草业和公用事业是三种主要的非周期性行业。刘怡伶（2004）认为，珠宝行业、耐用品制造业及其他需求收入弹性高的行业属于典型周期性行业，周期性行业多数是寡头垄断行业。何本虎（2005）提出，钢铁、电解铝、煤炭、电力、石化、海运、汽车和水泥等八个行业是较有代表性的周期性行业；除此之外，有色金属、房地产、机械和原材料等行业也具有较强的周期性。吴琳娜（2006）指出，比较典型的周期性行业包括采掘业、制造业、电力、煤气及水的生产和供应业、建筑业、交通运输、仓储及邮电通信业、房地产业等，特别是工业企业中的有色金属、能源、房地产和消费品行业中的珠宝业。一个简单的判定方法是：对于日常消费品，生产或消费需求收入弹性高的行业，如房地产、汽车等，可视为周期性行业；如果是工业品，只要是在第二产业中的基础性产业，如有色金属、能源等，都属于周期性行业（吴琳娜，2006；Janine，2008）。

在定量分析方面，比较权威的是，上海证券交易所和中证指数有限公司（2010）分别于2010年2月3日和2010年5月28日发布上证周期行业50与非周期行业100指数，以及沪深300周期行业与非周期行业指数。其根据中国证券监督管理委员会行业门类和辅助类划分标准以及实证研究得到的不同行业的周期特性，选取金融保险、采掘业、交通运输仓储业、金属及非金属、房地产等行业为周期性行业，其余行业为非周期性行业。此外，孔庆辉（2010）在实证研究宏观经济波动对周期性上市公司（以下简称为"周期性公司"）资本结构选择的影响时，根据行业与宏观经济的敏感性及其设定的样本筛选原则，将2006—2008年沪深712家样本公司分为周期性行业和防守性行业，并最终得到周期性上市公司620家，占总样本的87.08%。其中，根据其设定的行业界定标准，分别对主营收入增长率和总资产利润率进行检验，结果表明，周期性行业的上述指标在经济衰退的2008年较之经济扩张的2006—2007年出现显著下降，而防守性行业则在正常水平变化不显著。孙晓涛（2012）利用计量经济学检验方法，对工业中的周期性行业和非周期行业进行划分。他具体通过分析39个工业行业的增加值数据与国内生产总值（GDP）数据，研究不同工业行业的周期性强弱程度。结果表明：石化、钢铁、煤炭、装备制造业、汽车工业、珠宝业等都有很强的周期性，而水的供应业、地热资源开采业的周期性很弱。与通常判断不同的是，虽然有色金属的价格周期与经济周期的共同波动很强，但其产量周期和行业增加值周期与经济周期的共同波动并不是很强。另外，食品制造业的周期性并没有人们想象中那么弱，石油、天然气开采业的周期性相比石油天然气生产行业要弱得多。

三、周期性公司估值方法与途径

国外对周期性公司的估值方法与途径给予较多关注且进行了初步探索；国内学者的研究虽有所涉及，但数量较少且创新性不足，尤其是目前鲜见具有独立意义的、系统的结合周期性公司自身特点的价值评估理论和方法模型的讨论。其中，比较具有代表性的研究主要体现在周期性公司估值的特殊性、宏观经济预测的难点及部分环节的解决思路方面，且大部分是围绕包括DCF模型在内的收益途径的应用探讨，少数研究涉及市场途径，还有少数研究针对某一典型的周期性行业研究其公司估值途径与参数确定。其中，"平均""标准化""正常化"等都是出现频率较高的关键词，这些都为周期性公司估值的合理化提供了思路与借鉴。

(一) 关于收益途径的应用与参数确定

对于包括DCF模型在内的收益途径，希尔等（Heer et al，2000）通过对周期性公司和非周期性公司在经济周期峰顶和谷底年份的市值与基于实际收益的DCF估值数据进行t检验，观察周期性公司和非周期性公司估值是否确定存在着显著的差异。结果显示：在峰顶年份，周期性公司平均被高估58.3%左右；在谷底年份，周期性公司被低估24.07%。与之相比，非周期性公司则不然。因为周期性公司的收益波动太大，所以各种数据的获取在很大程度上是依靠预测，尤其取决于对宏观经济预测的准确性，这直接关系到估值的准确度（王书贤，2005），对增长率和收益的预测，对周期及分界点的预测，以及对风险的预测等都是如此。所以，标准的DCF模型在用于特殊情况，如具有周期性的公司时，必须加以修正，并且对其估价时必须注意基期收益的周期性问题，同时将公司收益波动性的影响考虑进公司的价值中（Damodaran，1999；Lippitt et al，2012；黄钦，2009；何国亮，2004；等）。由于业绩判断和周期分析的不确定性使得价值判断的难度更大，因此也可以依据周期性公司不同的周期阶段，采用不同的估值方法（Witter，1999）。对此，科勒等（Koller et al，2007）也提出，涨跌不定的回报增加了周期性公司估值的复杂性。

显然，经济运行环境的变化，使得周期性因素成为估值体系中不可缺少的重要组成部分。随着时间的推移，诸多因素决定了预测的误差难以控制，这样也降低了估值判断的有效性。对此，希尔等（Heer et al，2000）研究发现，市场既不遵循完美预测的路径，也不遵循毫无预见的路径，而是遵循一个中间的路径，即50—50的可能性。达莫达兰（Damodaran，2013）进一步针对基准收益的周期性问题提出两点解决思路：一是调整预期增长率以反映经济周期的变化，缺点在于需要依赖对宏观经济预测的准确性；二是以标准化（正常化）收益作为基准年收益，但假设是经济周期变化时公司能很快回复到该收益水平。其还针对收益波动性提出两点解决思路：一是在现金流预测中建立对经济周期的预期；二是在风险估算中以调高折现率的形式将收益波动性纳入考虑。利皮特等（Lippitt et al，2012）强调周期性公司估值需要在周期收益变动中估计4个数值：峰值到峰值的时间、周期的振幅、高峰与低峰预期收益的平均值、企业现在处于周期的位置。刘忠海、葛新元（2005）指出周期性公司估值中折现率计算参数之一的 Beta 值受到周期性和经营杠杆的影响。通过对国内 38 个行业的 Beta 值以及行业的周期性和经营杠杆进行多元回归分析，发现从系数上看，周期性公司的杠杆 Beta 值平均比非周期性公司高，且周期性对国际可比公司杠杆 Beta 值的影响更大。

（二）关于市场途径的应用与参数确定

对于市场途径，苏奥佐等（Suozzo et al, 2001）阐述在收益波动时乘数的确定，尤其是对于周期性行业高度不稳定的现金流，如果近期或后来的收益不能代表长期收益趋势，则可以使用标准化的收益或现金流，或者考虑使用 Forward - Priced 乘数（远期价格或者公司价值与预期收益的比值）。徐大卫（2008）提出周期性公司估值可以采用变通的市盈率法，即通过平均利润乘以一定的市盈率水平。黄钦（2009）探讨了周期性公司估值对相对估值途径（市场途径）的应用条件与选择问题，并结合周期性上市公司的具体案例进行市场途径应用的实证分析并得到启示。

（三）关于某一典型周期性行业估值途径与参数确定

部分研究针对采矿业、汽车业等某一典型的周期性行业探讨其公司估值问题。例如，对于采矿业企业，郜志宇（2011）研究了经济剧烈波动条件下矿业企业价值评估中不确定性参数的选择确定问题，提出应借助投资决策中的风险分析技术之敏感性分析手段，以及合理利用情景分析法和综合采用退出倍数法，求得矿业企业价值，为交易双方及相关主管部门提供决策依据。谭峻、赵亮（2011）以黄金类公司与基本金属类公司为例，实证研究了矿业投资估价若干指标及技术经济参数问题，提出矿业属于典型周期性行业，估值中价格选取应考虑跨周期平均价格，还应考虑真实价格与名义价格的差异，充分体现通货膨胀和汇率变化对金属价格的影响，并且对不同矿种和处于不同勘查开发阶段的矿业项目应采用不同的折现率。

四、宏观经济与周期性公司关联问题

宏观经济因素是周期性公司估值中的重要变量。当前直接研究这二者关联问题的文献极少，多是立足于宏观经济解释变量与公司股价或业绩等指标的关系，但这为合理把握宏观经济因素对周期性公司估值的定量影响积累了局部素材和研究方法。

国外以企业微观财务数据作为预测基础的估值研究十分丰富，但这些模型都没有考虑宏观经济变量如何影响公司未来现金流的预期进而又如何影响其价格。目前将宏观经济与公司微观定价结合起来的文献主要集中于三类：第一类是在宏观经济对公司会计业绩或股票价格的影响方面。这方面最早的研究要追溯到布朗等（Brown et al, 1968），其通过研究美国1947—1965年的数据，发现企业个体盈利水平、行业盈利水平和整个经济的运行状况彼此正相关。卡琳等（Carling et al, 2003）、吉恩（Jin, 2005）等学者的研究基本止步于宏观经济变量与会计业绩之间关系的研究。费尔德施泰因（Feldstein, 1983）、金姆（Kim, 2003）、里哥本等（Rigobon et al, 2003）、梅萨米等（Maysami et al, 2004）、罗吉伯等（Rjoub et al, 2009）则止步于宏观经济变量与股票价格之间关系的研究。第二类是在宏观经济对公司商品价格的影响方面。许多学者都曾研究指出宏观经济对商品价格影响的重要性，认为一国经济变动一般表现为经济周期性变化会影响该国的工业产出，最终导致商品价格波动。格莱利等（Grilli et al, 1981）、戴伍特言等（Davutyan et al, 1994）定性分析了宏观经济周期对金属价格的影响，研究认为短期金属商品供给价格无弹性，造成商品市场价格更多地暴露于需求改变，后者反映了经济周期波动，从而导致短期金属价格波动。莱比斯等（Labys et al, 1993）研究发现，工业产值、国内生产总值、利率、货币供应量、失业率、单位劳动成本、工资、物价水平、生产或零售价格、汇率和国际收支11种宏观经济变量与价格变量之间存在因果关系。波茨沃斯等（Bosworth et al, 1982）和莫里森等（Morrison et al, 1984）的研究主要关注大宗商品价格波动与宏观经济周期的相互作用。法玛等（Fama et al, 1988）研究认为，一轮经济周期达到峰值之前会出现工业金属期货、现货价格的急速上升，经济周期达到峰值之后会出现金属价格的急速下降。第三类主要表现为在实务中影响较大的经典CAPM受到越来越多的质疑，因为该模型将所有宏观经济因素浓缩为一个因素，即市场组合回报（Brealey et al, 1996；Fletcher, 2001）。于是，寻找更好的定价模型成为趋势。其中，一个重要方向是建立多因素定价模型。对此，APT基于股票价格受到多种宏观经济因素的影响，强调期望风险回报取决于它对各个因素的敏感程度（Ross, 1976）。但由于本身并不能指出这些因素是什么，所以在理论上即使具有优越性，但在实务中难以取代 CAPM。不过，莱文等（Levine et al, 1998）、拉丝哲普（Lastrape, 1996）、尼古拉斯和弗雷泽（Nicolaas and Fraser, 1997）、卡斯克特（Karceski et al, 1998）等实证探讨了多种宏观经济因素对股价的影响，如利率、汇率、通货膨胀率、货币增长率等，只是实证研究的结果存在国家或地区差异。

国内鲜见有文献系统地研究宏观经济如何影响公司估值。薛爽（2008）研究了经济周期和行业景气度对亏损公司定价的影响，发现这些宏观经济变量对亏损公司价格有显著影响。其他相关文献主要集中在研究宏观经济增长或宏观经济政策与股价指数的关系，并且多是直接对某一个或几个变量与股价指数之间的相关关系进行实证检验。这类分析基本上可以分为两类：第一类是研究宏观经济因素与股票价格的关联关系。刘怡伶（2004）认为，周期性公司的股票价格的涨跌基本上可以通过分析宏观经济运行中的一些迹象和对行业发展的预判来进行预测。贺强（2002）通过绘制政策周期曲线、经济周期曲线与股市平均线，考察了经济增长、经济政策与股市之间的关系。赵振全、张宇（2003）采用多元回归和风险价值模型（VAR）对工业增加值、商品零售额、货币供应量等宏观经济变量与股票市场指数之间的关系进行实证检验。夏亚芬（2008）认为宏观经济与股票价格之间在短期内不存在一一对应关系，但从长期来看，它们具有正向一致性。张莎莎（2009）利用 1990—2007 年的数据证明了股票价格随国内生产总值（GDP）同向变动，与失业率之间呈反向变动趋势。罗国彦、周勇（2009）和刘欣明（2012）指出汇率变动对股市的影响。杨高宇（2011）以 1996—2010 年的数据为样本，运用动态条件相关估计方法（DCC）来考察中国股市周期与真实经济周期以及金融经济周期的动态关系。陈一博、宛晶（2012）以 2006—2011 年的季度数据和月度数据为样本，实证检验经济周期与上市公司盈利周期之间的相关关系。第二类是研究货币政策和货币供给与股市周期的关联关系。高善文（2007）提出"价值重估论"，认为股票市场的估值由货币流动性决定。梁芸、孙建波（2010）研究了货币供给对股市估值的动态影响，认为货币供给在经济危机背景下显著影响股市估值水平。王培辉（2010）以 1996—2009 年的月度数据为样本，探讨了货币冲击对资产价格的影响，认为货币冲击对股票价格的影响取决于当时所处的经济状态。除此之外，还有少量研究涉及宏观经济因素对公司市盈率等其他指标的影响，如刘格辉、孙静（2006）指出企业的市盈率受到利率的影响，呈现反方向变动关系。

第二节　研究述评及结论

通过对国内外研究进行回顾与梳理发现，既有研究对周期性公司的估值问题已经给予了一定关注且进行了初步探索，为周期性公司估值研究的深化奠定了必要基础，但在以下四个方面的研究相对有限且有待于进一步深入：

一、关于周期性行业及公司界定标准的研究有待细化

厘清周期性行业及公司的界定标准，能够为周期性公司估值研究中的案例与实证分析的样本选择提供依据。目前国内外关于周期性行业及公司界定问题的研究虽有不同侧重，但结论大体一致。既有研究强调周期性行业收入等指标与宏观经济波动的正相关性，即二者周期的吻合程度，也有研究更看重周期性行业收入等指标对宏观经济变化的敏感程度，即其在宏观经济变化下的波动幅度。不过，由于我国行业门类众多，划分相当细致，因此，是否属于周期性行业，许多行业还有待进一步界定。

二、关于周期性公司估值研究的全面性、系统性有待强化

目前鲜见具有独立意义的、系统全面的周期性公司估值理论体系构建的讨论。既有研究成果多以一本专著的某一章节抑或是一篇独立论文的形式体现。虽然在周期性公司估值的特殊性、宏观经济预测的影响等方面已取得一定进展，并且围绕收益途径、市场途径和部分典型周期性行业的应用问题已进行些许环节的难点探讨与解决思路的尝试提出，但尚未达到系统搭建周期性公司估值的理论分析框架的程度。为此，立足于周期性公司估值研究的理论性和实践性、全面性和系统性的需要，与周期性公司估值关联的若干核心参数的合理测算问题和不确定性分析工具的综合应用问题，以及由点及面地完善周期性公司估值方法体系等，都必然成为需要进一步系统研究的课题。

三、收益途径在周期性公司估值中的应用研究有待优化

既有研究对周期性公司估值模型的讨论大部分是围绕包括现金流折现模型（DCF 模型）在内的收益途径而展开，少数研究涉及市场途径，对成本途径的应用分析则极少。可见，收益途径得到了国内外学者的普遍重视，是周期性公司估值中最值得研究的估值途径。但对于收益途径的未来收益额和折现率等核心估值参数，仅有部分研究对收益额的不确定性和强波动性给予了一定关注，并对此提出一些解决思路，对于折现率的关注则是少之又少。如何进一步提高周期性公司未来收益额预测的合理性，无疑是周期性公司估值研究的重点与难点；但实际上，周期性公司估值的折现率不仅面临无风险收益率、风险收益率、风险溢价、Beta 系数等具体参数的选择问题，还会涉及多种资产定价模型的优先选择与可行性分析问题，这些也是收益途径在周期性公司的估值应用中需要关注的事项。

四、宏观经济因素对周期性公司估值影响的定量研究有待深化

尽管已有很多文献讨论周期性公司估值的特殊性及其影响因素，但具体估值与定价操作基本停留在对传统公司估值途径或模型的机械套用上，其中对宏观经济因素的考量几乎都停留在定性分析的层面，很少从定量或实证的角度来考察宏观经济因素对周期性公司估值的影响。在探讨宏观经济因素与公司估值的关联性时，多是开展对于宏观经济因素与公司股价或业绩关系的实证分析，对宏观经济解释变量和公司估值参数之间影响机理的分析相对欠缺，并且现有研究未将周期性公司和非周期性公司分开考察，而是混为一个样本研究，其隐含的假设是周期性公司与非周期性公司在宏观经济影响下具有一致的特征，该假设明显忽略了二者的差异性。针对性地实证挖掘宏观经济因素与核心估值参数的关联关系，以进一步服务于周期性公司关键估值参数的选择与预测，是深入研究周期性公司估值问题所必须揭示的基本规律。

第二章 周期性行业的范围界定与演进轨迹

科学界定周期性行业，是对其展开统计分析和细分研究的前提。那么，在现阶段到底哪些具体行业属于周期性行业，我国的周期性行业又具有怎样的演进特征并将对未来发展带来怎样的影响，这些都需要我们给予足够的关注。鉴于此，本章重点围绕周期性行业的范围界定与演进轨迹展开实证研究，以期为周期性公司估值研究及周期性行业政策制定、投资决策等提供数据支撑与理论参考。

第一节 我国周期性行业的范围界定

结合前一章关于周期性行业界定问题的国内外研究综述，笔者重点围绕目前在我国应用较为普遍的两种行业分类方法——深证指数分类法和《国民经济行业分类》（GB/T 4754—2011），拟定周期性行业的范围界定标准。具体而言，基于深证指数分类法和 CSMAR 数据库行业指标的 6 类行业下 63 个细分行业，以及基于国家标准〔2011〕的 12 个门类下 53 个大类行业可被纳入周期性行业范畴。

一、基于深证指数分类法的范围界定

深证指数分类法源自深圳证券交易所，具体是为编制股价指数而把在深圳上市的全部上市公司划分为 6 类，即工业、商业、金融业、房地产业、公用事业和综合业，同时分别计算和公布各分类股价指数；随后得以较广泛应用。国泰安 CSMAR 研究数据库（以下简称"CSMAR 数据库"）提供的上市公司数据就是按照该方法确定总体行业归属，对应指标为"行业代码 A"和"行业名称 A"。借鉴已有研究，根据深证指数分类方法和 CSMAR 数据库的行业指标可获

数据,笔者从 6 类行业下所涉及的 168 个细分行业("行业代码 B"和"行业名称 B"①)中选取 109 个细分行业,并通过合并处理其中门类代码和小类代码重复存在的情况,最终得到 63 个细分行业纳入周期性行业的界定范围,详见表 2-1。可见,6 类行业下均有不同数量的细分行业可以被认定为周期性行业,或者在具体情形下可以被认定为周期性行业,尤其以工业下的细分行业数量为最多。

表 2-1 基于深证指数分类法和 CSMAR 数据库行业指标的周期性行业范围界定

类别代码(行业代码 A)及名称(行业名称 A)	细分行业代码(行业代码 B)
0001 金融业	I01,I11,I21,I31
0002 公用事业	A03,B01,B50,D03,F01,F03,F07,F09,F11,K01,K39
0003 房地产业	J01,J05,J09
0004 综合业	E01,E05,F05,F21
0005 工业	B03,B05,B07,C05,C1399,C14,C21,C25,C31,C35,C38,C41,C43,C47,C48,C49,C61,C65,C67,C69,C71,C73,C75,C7601,C7610,C7615,C78,C8101,C8105,C99,D01,H03
0006 商业	F19,H01,H09,H1199,H12,K2015,K32,K34,K99

注:1. 对于表 2-1 中部分细分行业,如 C05、C99、D01、H01、K01、K39、K99 等,因其业务性质比较特殊,且周期性强弱程度不一,所以对上述行业内公司进行判断时,需要根据具体主营业务情况进一步认定其是否属于周期性公司。

2. 尽管部分综合类上市公司的主营业务的周期性特征较强,例如,在 2012 年 12 月 31 日就有 31 家综合类上市公司的主营业务都具有较强的周期性,但由于综合类上市公司的历史沿革比较复杂且其主营业务具有易变性,所以本研究在对周期性行业进行界定时,未将综合业中综合类这一细分行业纳入考虑范畴。

数据来源:笔者依据相关资料总结。

二、基于《国民经济行业分类》(GB/T 4754—2011)的范围界定

《国民经济行业分类》(GB/T 4754—2011)(以下简称为"国家标准

---

① CSMAR 数据库在深证指数分类方法基础上,根据 1994 年修订的《国民经济行业分类》(GB/T 4754—1994)对现有上市公司进一步确定细分行业归属,对应指标为"行业代码 B"和"行业名称 B",具体以门类、大类、中类或小类的代码和名称直接作为上市公司行业代码和名称。

〔2011〕"）是由国家统计局制定并于 2011 年修订和实施，已成为我国各领域对行业进行分类的基础，采用线分类法和分层次编码方法，将国民经济行业划分为门类、大类、中类和小类四级。中国证券监督管理委员会发布的《上市公司行业分类指引》（2012 年修订）即参照此标准制定。借鉴已有研究，根据国家标准〔2011〕，笔者从合计 20 个门类下的 96 个大类中，共选取 12 个门类下的 53 个大类纳入周期性行业的界定范围，详见表 2 - 2。其中，采矿业（B），制造业（C），电力、热力、燃气及水生产和供应业（D），建筑业（E），批发和零售业（F），交通运输、仓储和邮政业（G），住宿及餐饮业（H），金融业（J），房地产业（K），租赁和商务服务业（L）等 10 个门类下的全部或大部分大类可以基本被认定为周期性行业，尤其以制造业门类下的大类数量为最多。而农、林、牧、渔业（A）和居民服务、修理和其他服务业（O）这 2 个门类下只有极少数大类可根据具体情形被认定为周期性行业，其他 8 个门类[①]则不在此范围之类。

表 2 - 2　基于国家标准〔2011〕的周期性行业范围界定

门类代码及名称	大类代码
A 农、林、牧、渔业	A02
B 采矿业	B06, B07, B08, B09, B11, B12
C 制造业	C15, C16, C19, C20, C21, C22, C23, C25, C26, C29, C30, C31, C32, C33, C34, C35, C36, C37, C38, C40, C41
D 电力、热力、燃气及水生产和供应业	D44, D45
E 建筑业	E47, E48, E49, E50
F 批发和零售业	F51, F52
G 交通运输、仓储和邮政业	G53, G54, G55, G56, G57, G58, G59, G60
H 住宿和餐饮业	H61
J 金融业	J66, J67, J68, J69

---

① 这 8 个门类系指：信息传输、计算机服务和软件业（I），科学研究和技术服务业（M），水利、环境和公共设施管理业（N），教育（P），卫生和社会工作（Q），文化、体育和娱乐业（R），公共管理、社会保障和社会组织（S），国际组织（T）。

续表

门类代码及名称	大类代码
K 房地产业	K70
L 租赁和商务服务业	L71，L72
O 居民服务、修理和其他服务业	O81

注：对于表2-2中部分大类，如A02，C15，C16，C19，C41，D44，D45、O81等，因其业务性质比较特殊，且对应中类或小类的周期性特征并不一定都十分显著，所以对上述行业内公司进行判断时，需要根据具体主营业务情况认定其是否属于周期性公司。例如，酒、饮料和精制茶制造业（C15）、烟草制品业（C16），皮革、毛皮、羽毛及其制品和制鞋业（C19）等消费品制造业中，相对而言生产高档白酒、高档香烟、高档服装、奢侈品等产品的公司才具有更加鲜明的周期性特征，因为一旦人们的收入增长放缓或预期收入的不确定性增强，都将直接减少对这类非必需商品的消费需求。

数据来源：笔者依据相关资料总结。

第二节 对我国周期性行业演进轨迹的实证分析

随着我国经济市场化进程的不断加深，沪深A股上市公司经历了从1990年的"老八股"到截至2014年底高达2 564家的快速发展。周期性行业作为经济体系内的重要组成部分，在自身不断发展壮大的同时，也推动着我国经济的快速增长。为进一步考察我国周期性行业的演进轨迹，本节将依据其范围界定标准，重点以1990—2014年为研究区间，以周期性公司尤其是周期性上市公司为研究对象，从总体规模、占比地位、行业分布、并购态势等几个方面展开实证研究[1]。

---

[1] 2013年的IPO暂停，在一定程度上催生了热度明显高于往年的沪深两市上市公司并购重组浪潮。2014年1月17日，虽然新股IPO在时隔一年多后重启，但随后因发行中存在问题再次暂停5个月，直到IPO配套措施落地后于2014年6月18日再次重启。然而，2015年7月4日，因市场波动较大等原因，证监会又一次发布IPO暂停公告。鉴于此，为避免近两年IPO多次暂停和并购重组事件对部分周期性上市公司造成的主营业务变化或未来发展尚不明朗等现象对实证研究可能产生的干扰，本节有关周期性上市公司总体规模、占比地位、行业分布等方面的实证分析暂以1990—2012年为研究区间，同时对周期性公司（包括但不限于周期性上市公司）在2010—2014年的并购态势单做重点考察。

一、周期性公司界定原则与样本选取

(一) 周期性上市公司界定原则

这里对周期性上市公司这一主要研究对象的界定和筛选主要基于以下原则:

第一,一般情形下,依据 CSMAR 数据库提供的"行业代码 A""行业名称 A""行业代码 B""行业名称 B"或其他权威数据库提供的国家标准行业代码等指标,直接判断上市公司所属行业类别。如果根据周期性行业的范围界定标准,该行业类别可以划入周期性行业,则此上市公司可被认定为周期性上市公司。

第二,部分上市公司虽然符合上述原则中所列条件,但在研究区间内曾变更过主营业务,则需要根据所在年份的具体主营业务情况判断所属行业类别,进而认定其在对应年度是否属于周期性上市公司。其中,对主营业务类别的判断以上市公司营业收入等财务数据作为主要依据,所采用财务数据是经过会计师事务所审计并已公开披露的合并报表数据。当上市公司某类业务的营业收入比重大于或等于50%时,则将该公司划入此业务所属行业类别;如果上市公司没有任何一类业务的营业收入比重大于或等于50%,但其中某类业务的收入和利润均在所有业务中为最高,且占公司总收入和总利润的比重大于或等于30%,则将该公司纳入此业务所属行业类别。

第三,对于表2-1、表2-2注释中所列的部分特殊情形,需要进一步分析判断上市公司具体主营业务的周期性特征,必要时可以实证考察其收入等指标对宏观经济变化的敏感程度,以认定是否属于周期性上市公司。

(二) 样本选取与数据来源

其一,笔者选取我国资本市场建立至今的沪深 A 股全部上市公司作为1990—2012 年研究区间的原始样本,相关数据来源于 CSMAR 数据库和大智慧证券信息平台。同时,依据 CSMAR 数据库提供的"上市日期""情况变动日"等指标,对原始样本完成各年度上市公司基本信息的统计汇总;并依据周期性上市公司的界定原则,在对各年度上市公司进行筛选和判断的基础上,完成分年度周期性上市公司的信息汇总①。据此得到我国沪深 A 股上市公司 23 年间共计 24 266 个平行混合样本,并最终形成周期性上市公司 23 年间共计 15 380 个平行混合样本,占总样本的 63.38%。

其二,笔者选择我国并购市场交易事件作为 2010—2014 年研究区间的原始样本,对近五年我国并购市场涉及的周期性行业和周期性公司(包括但不限于周期性上市公司)进行统计研究,相关数据来源于私募通数据库及其他公开可获得的资料源。

二、周期性公司总体规模与占比地位

通过统计分析 1990—2012 年沪深 A 股全部上市公司的基本信息,得到 1990—2012 年上市公司各年度总数以及周期性上市公司各年度总数及占比情况如表 2-3 和图 2-1 所示。

表 2-3　1990—2012 年周期性上市公司数量及占比情况统计

年份	1990	1991	1992	1993	1994	1995	1996	1997
上市公司总数(家)	8	13	53	177	288	312	515	721
周期性上市公司总数(家)	3	6	30	106	172	185	318	453
周期性上市公司占比(%)	37.50	46.15	56.60	59.89	59.72	59.29	61.75	62.83
年份	1998	1999	2000	2001	2002	2003	2004	2005
上市公司总数(家)	827	925	1 060	1 139	1 207	1 267	1 363	1 368
周期性上市公司总数(家)	518	589	675	726	775	816	875	881
周期性上市公司占比(%)	62.64	63.68	63.68	63.74	64.21	64.40	64.20	64.40
年份	2006	2007	2008	2009	2010	2011	2012	—
上市公司总数(家)	1 423	1 536	1 595	1 688	2 030	2 301	2 450	—
周期性上市公司总数(家)	924	992	1 034	1 082	1 269	1 436	1 515	—
周期性上市公司占比(%)	64.93	64.58	64.83	64.10	62.51	62.41	61.84	—

数据来源:笔者依据相关资料总结。

---

① 本节对各年度上市公司的筛选口径,既包括所在年度内处于正常上市状态的既有上市公司,又包括在所在年度内任意时点新上市和退市的上市公司;对各年度周期性上市公司的筛选口径也与此相同。

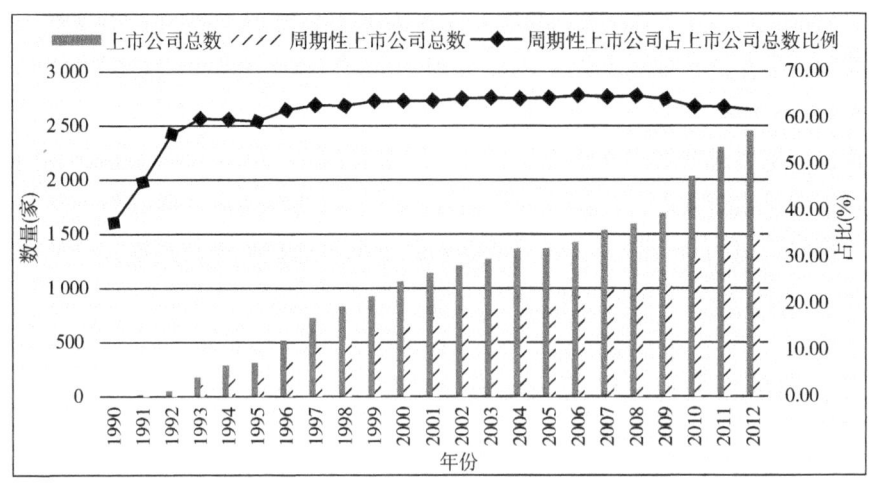

图 2-1　1990—2012 年周期性上市公司数量及占比趋势

数据来源：笔者依据相关资料总结。

在总体规模方面，无论是上市公司总数，还是周期性上市公司总数，在 23 年间均呈现稳步增长态势。其中：上市公司总数从 1990 年的 8 家上升至 2012 年的 2 450 家，平均每年增加 111 家；周期性上市公司总数从 1990 年的 3 家提高到 2012 年的 1 515 家，平均每年增加近 69 家。

在占比地位方面，我国周期性上市公司总数占上市公司总数的比例始终保持在很高水平，尤其是自 1992 年以来一直稳定在 60% 左右。回顾这一发展历程的起点，上海证券交易所与深圳证券交易所于 1990 年初建，当年的周期性上市公司占比为 37.5%；之后几年这一比例快速提高。1993 年是周期性上市公司占比大幅升高至趋于稳定的一个时点，自此开始其占比一直处于 59%～65%。周期性上市公司占比最高值出现在 2006 年，达到 64.93%。虽然从 2010 年以后，周期性上市公司占比略有回落，但仍然稳定在 60% 以上。

三、周期性公司行业分布

（一）深证指数分类规则下的行业分布

根据深证指数法和各年度周期性上市公司基本信息，得到 1990—2012 年周期性公司在深证指数分类规则下的行业分布情况，如表 2-4 所示。排除极个别情况看，6 类行业下的周期性上市公司数量均为逐年增加，周期性上市公司中的各行业占比也是特征分明。

工业周期性上市公司增速迅猛并占据绝对优势地位。自1991年起，除个别年份在65%左右存在微幅震荡外，工业周期性上市公司占比从1991年的最低点50%逐年攀升至2012年的最高点72.48%，公司数量也先后在1996年和2010年出现跳跃式增长。与工业恰恰相反，房地产业周期性上市公司占比在1992年升至最高点33.33%，随后逐年下降至2012年的最低点8.38%；公司数量也在2000年以后增速放缓，大致稳定在120家左右。值得一提的是，房地产业周期性上市公司占比和数量的行业排名首次于2012年从第二降至第三。其他4类周期性上市公司在1992年以后基本保持数量的匀速增长和占比的相对稳定。其中，公共事业占比为9%左右，商业占比为5%左右，综合业为3%左右，金融业占比为2%左右。

表2-4　1990—2012年深证指数分类规则下的周期性上市公司行业分布

年份	工业		房地产业		金融业		公用事业		商业		综合业	
	数量（家）	占比（%）	数量（家）	占比（%）	数量（家）	占比（%）	数量（家）	占比（%）	数量（家）	占比（%）	数量（家）	占比（%）
1990	2	66.67	0	0.00	0	0.00	1	33.33	0	0.00	0	0.00
1991	3	50.00	1	16.67	1	16.67	1	16.67	0	0.00	0	0.00
1992	15	50.00	10	33.33	1	3.33	2	6.67	2	6.67	0	0.00
1993	58	54.72	33	31.13	1	0.94	9	8.49	4	3.77	1	0.94
1994	96	55.81	48	27.91	5	2.91	12	6.98	7	4.07	4	2.33
1995	108	58.38	48	25.95	5	2.70	13	7.03	7	3.78	4	2.16
1996	189	59.43	76	23.90	5	1.57	23	7.23	20	6.29	5	1.57
1997	281	62.03	91	20.09	11	2.43	30	6.62	31	6.84	9	1.99
1998	330	63.71	93	17.95	11	2.12	39	7.53	34	6.56	11	2.12
1999	379	64.35	103	17.49	12	2.04	48	8.15	34	5.77	13	2.21
2000	433	64.15	111	16.44	13	1.93	60	8.89	42	6.22	16	2.37
2001	468	64.46	115	15.84	14	1.93	66	9.09	45	6.20	18	2.48
2002	503	64.90	117	15.10	15	1.94	74	9.55	46	5.94	20	2.58
2003	530	64.95	119	14.58	17	2.08	81	9.93	45	5.51	24	2.94
2004	577	65.94	121	13.83	17	1.94	86	9.83	47	5.37	27	3.09
2005	582	66.06	121	13.73	17	1.93	87	9.88	47	5.33	27	3.06

续表

年份	工业		房地产业		金融业		公用事业		商业		综合业	
	数量（家）	占比（%）	数量（家）	占比（%）	数量（家）	占比（%）	数量（家）	占比（%）	数量（家）	占比（%）	数量（家）	占比（%）
2006	607	65.69	123	13.31	19	2.06	96	10.39	49	5.30	30	3.25
2007	650	65.52	125	12.60	30	3.02	103	10.38	51	5.14	33	3.33
2008	686	66.34	125	12.09	30	2.90	106	10.25	53	5.13	34	3.29
2009	719	66.45	127	11.74	32	2.96	109	10.07	55	5.08	40	3.70
2010	885	69.74	126	9.93	37	2.92	118	9.30	57	4.49	46	3.62
2011	1 033	71.94	127	8.84	40	2.79	122	8.50	59	4.11	55	3.83
2012	1 098	72.48	127	8.38	41	2.71	128	8.45	61	4.03	60	3.96

注：表中"数量"代表对应行业的周期性上市公司数量；"占比"代表对应行业的周期性上市公司数量占周期性上市公司总数的比例。

数据来源：笔者依据相关资料总结。

（二）国家标准〔2011〕分类规则下的行业分布

根据国家标准〔2011〕和各年度周期性上市公司基本信息，得到 1990—2012 年周期性公司在国家标准〔2011〕分类规则下的行业分布情况，如表 2-5 所示。分类规则的进一步细化使周期性上市公司的行业分布更为分散，但所涉及的 12 类周期性上市公司数量在 23 年间都呈现出持续增长态势。

作为工业的重要组成部分，制造业（C）占比地位与深证指数分类规则下的工业非常类似。在经历了前两年的小幅下降后，制造业周期性上市公司占比自 1992 年起从 46.67% 逐渐提高到 2012 年的最高点 66.67%，在 12 种行业门类中始终居于首位。而该统计口径下的房地产业（K）周期性上市公司数量和占比更是与深证指数分类规则下的房地产业情况如出一辙；其占比同样是于 1992 年升至最高点 33.33%，随后逐年下降至 2012 年的最低点 8.25%，可谓高度相似，但相对分散的行业分布使房地产业周期性上市公司的行业排名一直稳居第二，仅次于制造业。周期性上市公司平均占比排名紧随其后的行业依次是采矿业（B）、电力、热力、燃气及水生产和供应业（D）、交通运输、仓储和邮政业（G）、批发和零售业（F）、金融业（J）、建筑业（E）、租赁和商务服务业（L）、居民服务、修理和其他服务业（O）、住宿和餐饮业（H）、农、林、牧、渔业（A）。将 2012

年实际排名与这一平均排名进行比较发现，2012年采矿业、批发和零售业的周期性上市公司占比排名有所下降，建筑业以及交通运输、仓储和邮政业的周期性上市公司占比排名则有所提高。此外，该统计口径下的金融业周期性上市公司数量和占比与深证指数分类规则下的金融业情况完全一致。

表2-5　1990—2012年国家标准〔2011〕
分类规则下的周期性上市公司行业分布　　　　　　　　　%

年份	A	B	C	D	E	F	G	H	J	K	L	O
1990	0.00	33.33	66.67	0.00	0.00	0.00	0.00	0.00	0.00	0.00	0.00	0.00
1991	0.00	16.67	50.00	0.00	0.00	0.00	0.00	0.00	16.67	16.67	0.00	0.00
1992	0.00	3.33	46.67	0.00	0.00	6.67	0.00	3.33	3.33	33.33	0.00	3.33
1993	0.00	0.94	46.23	5.66	0.94	4.72	4.72	1.89	0.94	31.13	0.00	2.83
1994	0.00	1.16	48.26	5.81	2.33	4.07	3.49	1.74	2.91	27.91	0.00	2.33
1995	0.00	1.08	51.35	5.41	2.16	3.78	3.78	1.62	2.70	25.95	0.00	2.16
1996	0.63	2.83	50.63	5.66	1.26	4.72	4.09	1.26	1.57	23.90	1.89	1.57
1997	0.44	2.87	52.54	6.40	1.32	4.86	4.64	1.10	2.43	19.87	2.21	1.32
1998	0.58	3.47	54.44	6.18	1.54	4.44	5.02	0.97	2.12	17.76	2.12	1.35
1999	0.51	3.57	55.35	5.94	1.70	4.07	5.43	0.85	2.04	17.32	2.04	1.19
2000	0.59	3.56	55.41	5.93	1.93	4.44	5.78	0.89	1.93	16.30	2.07	1.19
2001	0.55	3.86	55.65	5.92	2.07	4.55	5.79	0.83	1.93	15.70	2.07	1.10
2002	0.52	3.87	56.13	6.06	2.19	4.26	6.19	0.77	1.94	14.97	2.06	1.03
2003	0.49	4.29	56.13	6.00	2.57	3.92	6.37	0.74	2.08	14.46	1.96	0.98
2004	0.46	4.34	57.03	6.17	2.74	3.77	6.29	0.69	1.94	13.71	1.94	0.91
2005	0.45	4.43	56.98	6.36	2.72	3.63	6.36	0.68	1.93	13.62	1.93	0.91
2006	0.43	4.55	56.93	6.17	2.92	3.57	6.71	0.65	2.06	13.20	1.95	0.87
2007	0.40	4.64	57.36	5.75	3.13	3.33	6.45	0.71	3.02	12.50	1.92	0.81
2008	0.39	4.74	58.32	5.61	3.09	3.29	6.19	0.68	2.90	11.99	1.84	0.97
2009	0.37	4.53	58.78	5.45	3.42	3.23	6.19	0.65	2.96	11.65	1.85	0.92
2010	0.32	4.18	62.88	4.81	3.31	2.84	5.83	0.55	2.92	9.85	1.73	0.79
2011	0.28	4.04	65.95	4.18	3.48	2.58	5.15	0.49	2.79	8.70	1.67	0.70
2012	0.33	4.03	66.67	4.03	3.56	2.51	5.08	0.46	2.71	8.25	1.58	0.79

注：表中除年份外各列数据代表各代码对应行业的周期性上市公司数量占周期性上市公司总数的比例。
数据来源：笔者依据相关资料总结。

四、周期性行业并购态势

从量价总体情况看，2010—2014 年，周期性行业并购案例总数和交易总额双双保持高位甚至连创历史新高，尤其是二者在 2014 年的数据较之于 2010 年可谓实现爆发性增长，分别达到 2010 年相应数据的 3.02 倍和 2.35 倍之多。而周期性行业并购案例总数和交易总额在我国整个并购市场中也始终占据相当比重，分别位于 50% 和 70% 上下，只是在 2013 年和 2014 年略有回落，详见表 2-6。这表明至少在近五年周期性行业已然是我国并购市场的主力军。周期性行业并购市场的活跃表现，与国际金融大环境的复苏、我国经济结构转型的要求以及国家相关政策的刺激不无关系。例如，2010 年的房地产市场调控和货币政策收紧，2011 年和 2012 年的重点行业兼并重组扶持倾向，2013 年的重点行业兼并重组推进政策和 IPO 停滞，2014 年的发展混合所有制经济、企业兼并重组市场环境的优化、企业"走出去"战略的加快推进以及 IPO 的再次暂停，都使包括周期性行业在内的整个并购市场活跃度大增，同时也加快我国产业整合与结构调整的步伐。

表 2-6　2010—2014 年周期性行业并购案例总数与交易总额情况统计

年份	2010	2011	2012	2013	2014
中国并购市场案例总数（家）	622	1157	991	1 232	1 929
周期性行业案例总数（家）	292	583	544	627	883
周期性行业案例总数占比（%）	46.9	50.4	54.9	50.9	45.8
中国并购市场并购总额（亿美元）	348.03	669.18	507.62	932.03	1 184.90
周期性行业并购总额（亿美元）	268.19	460.95	385.95	661.14	630.42
周期性行业案例总额占比（%）	77.1	68.9	76.0	70.9	53.2

注：1. 表 2-6 中所列"并购总额"均为所涉及并购案例的全部披露金额①。

2. 鉴于部分披露信息的局限和本次统计的谨慎性考虑，食品饮料、农林牧渔、纺织及服装、其他行业等未被纳入周期性行业统计范围；下同。

数据来源：笔者依据相关资料总结。

---

① 以中国并购市场并购总额为例，2010 年 622 起并购交易中披露金额的 501 起并购交易共涉及并购总额 348.03 亿美元；2011 年 1 157 起并购交易中披露金额的 985 起共涉及并购总额 669.18 亿美元；2012 年 991 起并购交易中披露金额的 883 起共涉及并购总额 507.62 亿美元；2013 年 1 232 起并购交易中披露金额的 1 145 起共涉及并购总额 932.03 亿美元；2014 年 1 929 起并购交易中披露金额的 1815 起共涉及并购总额 1 184.90 亿美元。

从行业分布情况看,周期性行业并购案例包括前十大并购交易都主要集中于能源及矿产、房地产、机械制造、化工原料及加工、汽车、建筑/工程、金融、物流等几大行业,如表2-7和表2-8所示。在案例数量方面,能源及矿产、房地产和机械制造三大行业基本占据周期性行业并购市场前三甲;在交易金额方面,能源及矿产业因其重资产属性一直独占鳌头,房地产业和金融业次之。但值得注意的是,2013年和2014年,相比周期性行业,生物技术/医疗健康、清洁技术、互联网等新兴行业的并购活动日益活跃。在国家经济转型和倡导节能环保的大背景下,新兴产业逐渐成为众多企业,特别是上市公司并购布局的热点,这样既有利于涉足成长性更强的新兴领域,符合经济转型的方向,又可以通过优良资产的注入来提高公司市值,加之周期性行业并购市场在前几年经历高速增长后增速放缓,这些都成为近两年周期性行业并购案例总数和金额占比以及前十大并购交易中的周期性公司数量开始出现回落的原因。但应该看到,周期性行业在我国并购市场中的主体地位仍未发生根本性改变。

表2-7 2010—2014年我国并购市场的周期性行业分布　　　　　　　　　　%

周期性行业类别		2010年		2011年		2012年		2013年		2014年	
		案例数量占比	案例金额占比	案例数量占比	案例金额占比	案例数量占比	案例金额占比	案例数量占比	案例金额占比	案例数量占比	案例金额占比
能源及矿产(采矿业)		11.1	34.2	13.2	32.8	11.3	43.8	12.3	31.7	7.5	17.4
房地产		13.5	7.4	9.8	8.1	10.1	7.4	12.0	15.3	9.7	12.3
制造业	机械制造	4.7	2.7	8.2	4.1	11.3	9.9	9.1	2.4	8.9	5.0
	化工原料及加工	4.2	1.9	6.1	7.3	6.1	2.2	5.0	2.9	5.6	4.2
	汽车	1.9	5.7	3.6	2.5	3.8	1.9	2.9	2.4	2.2	1.1
建筑/工程(建筑业)		5.3	1.2	6.1	3.4	7.0	6.1	4.2	1.3	5.4	3.5
金融		4.3	22.1	2.2	10.0	4.1	4.1	3.9	14.5	5.3	9.4
物流(交通运输、仓储和邮政业)		1.9	1.8	1.1	0.5	1.2	0.4	1.4	0.3	1.2	0.3

数据来源:笔者依据相关资料总结。

表2-8　2010—2014年我国前十大并购交易的周期性公司数量与行业分布

年份	2010	2011	2012	2013	2014
并购方数量（家）	8	7	8	6	6
并购方周期性公司行业分布	能源及矿产5家，金融1家，化工原料及加工1家，汽车1家	能源及矿产5家，化工原料及加工2家	能源及矿产6家，房地产1家，汽车1家	能源及矿产4家，金融1家，房地产1家	能源及矿产2家，金融4家
被并购方数量（家）	10	7	8	7	4
并购方周期性公司行业分布	能源及矿产5家，金融2家，化工原料及加工1家，汽车1家，物流1家	能源及矿产5家，金融1家，化工原料及加工1家	能源及矿产7家，机械制造1家	能源及矿产4家，金融2家，房地产1家	能源及矿产2家，金融2家

数据来源：笔者依据相关资料总结。

五、实证分析结论

综上所述，我国周期性行业总体规模稳步增长，占比地位举足轻重；各细分行业演进轨迹特征分明，工业、制造业占比排名领先；周期性行业并购市场量价齐升，产业转型升级提速。具体体现为：

第一，我国周期性上市公司总数呈现稳步增长态势，其占上市公司总数的比例基本稳定在60%左右的高位。周期性行业规模地位依然领先。

第二，在深证指数分类规则下，6类周期性上市公司的演进轨迹特征分明。工业周期性上市公司增速迅猛且占比排位第一；房地产业次之，但2000年以后增速放缓；其他4类基本保持数量的匀速增长和占比的相对稳定。

第三，在国家标准〔2011〕分类规则下，12类周期性上市公司数量均呈现持续增长态势。制造业和房地产业周期性上市公司的占比排位分别稳居第一和第二，其他个别行业在占比排名方面开始出现分化。

第四，近年来，周期性行业在我国整个并购市场中占据主导地位。能源及矿产、房地产、机械制造、化工原料及加工、汽车、建筑/工程、金融、物流等几大行业的并购市场表现活跃。

可以推知，结合我国国情和经济转型特征，围绕周期性行业演进及其中亟待解决的前沿问题开展的学术探究，颇具现实意义。例如：围绕其产业结构、产业组织和产业布局的调整与优化问题进行比较研究并建言献策；涉及与经济周期、宏观经济波动等关联问题的实证研究，应尝试将周期性行业和非周期性行业分开考察，而不再是混为一个样本；对于估值定价环节可能出现的"灰色地带"，着力研究完善周期性公司估值的理论与方法体系，以实现周期性行业兼并重组中的合理估值和公允定价。

第三章　周期性公司估值的关键参数及其影响

在应用评估途径进行公司估值时，各参数选取和应用的不确定性是估值中的难点和重点问题。而论及不同评估途径在周期性公司估值中的适用性，包括现金流折现模型（DCF 模型）在内的收益途径得到理论界与实务界的普遍重视，是周期性公司估值中最值得研究的估值途径。对此，本章以收益途径中最具代表性的 DCF 模型为例，剖析周期性公司估值模型的关键参数，并结合案例分析其参数选取对周期性公司估值结果的影响，以此论证参数的适当选取与测算对周期性公司合理估值的关键作用。

第一节　周期性公司估值模型的关键参数

DCF 模型包括企业自由现金流（Free Cash Flow of Firm，FCFF）和股权自由现金流（Free Cash Flow of Equity，FCFE）两种折现模型。未来自由现金流、折现率和收益期是 DCF 估值模型的三大核心参数。本节重点探讨未来自由现金流和折现率两项关键参数及其测算过程中涉及的具体参数。

一、未来自由现金流及其具体测算参数

自由现金流（Free Cash Flow，FCF）是由美国西北大学拉巴波特（Alfred Rappaport）、哈佛大学詹森（Michael Jensen）等学者于 20 世纪 80 年代提出的一个概念。FCF 可衍生出 FCFF 和 FCFE 这两种形式。在未来自由现金流的测算过程中，可能会涉及营业收入、营业成本、营运资金、资本性支出、稳定增长率等具体参数的选取与测算问题。

(一) 企业自由现金流

FCFF 是指全部资本投资者共同支配的现金流。全部资本提供者包括普通股股东、优先股股东和付息债务的债权人。企业自由现金流也称为实体自由现金流。以 FCFF 为收益口径进行折现求取企业整体价值,或在此基础上减去付息债务的价值,得到股东全部权益价值的模型,即为 FCFF 折现模型。FCFF 的计算公式可表示为:

$$FCFF = 净利润 + 折旧及摊销 + 利息费用 \times (1 - 所得税税率) - 营运资金增加 - 资本性支出 \qquad (3-1)$$

(二) 股权自由现金流

FCFE 是指股东可自由支配的现金流。股东是企业股权资本的所有者,拥有企业产生的全部现金流的剩余要求权,即拥有企业在满足了全部财务要求和投资要求后的剩余现金流。股权自由现金流就是在扣除经营费用、偿还债务资本对应的本息支付和为保持预定现金流增长所需的全部资本性支出后的现金流。以 FCFE 为收益口径进行折现求取股东全部权益价值的模型,即 FCFE 折现模型。FCFE 的计算公式可表示为:

$$FCFE = 净利润 + 折旧及摊销 - 营运资金增加 - 资本性支出 - 偿还付息债务本金 + 新借付息债务 \qquad (3-2)$$

不难看出,FCFF 和 FCFE 是企业自由现金流的不同形式,但二者归属的资本投资者不同。FCFF 是归属于企业全部资本提供方的收益指标,据此可直接计算企业整体价值;而 FCFE 是归属于企业权益资本提供方的收益指标,据此可直接计算股东全部权益价值。

二、折现率及其具体测算参数

折现率是指将企业未来各期自由现金流折算成现值的比率。从本质上讲,折现率是一种期望投资收益率,是投资者在投资风险一定的情况下,对投资所期望的回报率,即投资者要求的收益率。折现率一般由无风险收益率和风险收益率组成,风险收益率是对投资风险的一种补偿。根据未来自由现金流的口径,折现率可分为权益资本成本 (R_e) 和加权平均资本成本 (Weighted Average Cost of Capital，WACC）两种。在折现率的测算过程中，可能会涉及无风险收益率、风险收益率、市场平均收益率、市场风险溢价（Equity Risk Premium，ERP）、Beta 系数等具体参数的选取与测算问题。

（一）权益资本成本

R_e 口径的折现率与 FCFE 口径相匹配，一般用于 FCFE 折现模型中，用以评估股东全部权益价值。测算权益资本成本的常用模型或方法有资本资产定价模型（CAPM）、套利定价模型（APT）、风险累加法等。

CAPM 的应用最广泛，其实质上是一种单变量模型，通过市场来判断系统性风险。在 CAPM 中，资本的收益率，即企业权益资本的折现率，等于无风险收益率加上公司的风险程度与市场收益率与无风险收益率之差的乘积。CAPM 的计算公式可表示为：

$$R_e = R_f + \beta \times (R_m - R_f) + R_s \qquad (3-3)$$

式中：R_e 表示权益资本成本；R_f 表示无风险收益率；R_m 表示市场预期收益率；R_s 表示企业特有风险调整系数；$R_m - R_f$ 表示市场风险溢价，即 ERP；β 即 Beta 系数，代表系统性风险，是资产相对于市场收益率的敏感度。

APT 拓展了更多影响风险资产收益的因素，并根据无套利原则，得到风险资产均衡收益与多个因素之间存在线性关系的结论。但由于影响因素不确定、操作难度较大、运用过程较复杂等原因，APT 目前在评估实务中尚未被广泛采用。

（二）加权平均资本成本

WACC 口径的折现率与 FCFF 口径相匹配，一般用于 FCFF 折现模型中，用以评估企业整体价值。将企业权益资本成本和债务资本成本按照各自在企业总资本中的比重进行加权平均，可以计算得到 WACC。WACC 的计算公式可表示为：

$$\text{WACC} = \frac{E}{D+E} \times R_e + \frac{D}{D+E} \times R_d \times (1 - T) \qquad (3-4)$$

式中：R_d 表示债务资本成本；$\frac{E}{D+E}$ 表示权益资本占企业总资本的比重；$\frac{D}{D+E}$ 表示债务资本占企业总资本的比重；T 表示所得税率。

第二节 参数选取影响周期性公司估值的实证分析

本节以某周期性上市公司（以下简称"T 公司"）整体价值评估为例，通过模拟 FCFF 折现模型中选取不同参数时的多种具体参数组合，实证分析参数选取对周期性公司估值结果的影响程度。

一、样本公司估值模型中的参数选取与测算

该评估案例具体以 2010 年 12 月 31 日为评估基准日，假设 T 公司持续经营。首先，预测 T 公司在 2011—2015 年的 FCFF。其次，选取 2001—2010 年无风险收益率和市场平均收益率，计算 T 公司 WACC。最后，根据这些数据，分别采用 FCFF 稳定增长模型和两阶段模型，模拟组合得出多组样本公司估值结果，进而分析 FCFF 折现模型中参数选取对估值结果的影响程度。

（一）样本公司估值模型

1. FCFF 折现模型

根据本章第一节，FCFF 折现模型可以用公式表示为：

$$P = \sum_{t=1}^{\infty} \frac{FCFF_t}{(1+WACC)^t} \qquad (3-5)$$

式中：P 表示企业整体价值；$FCFF_t$ 表示第 t 年的 FCFF。

2. FCFF 稳定增长模型

若企业收益以固定增长率增长，则 FCFF 折现模型即 FCFF 稳定增长模型，式（3-5）可以进一步表示为：

$$P = \frac{FCFF_1}{WACC - g} \qquad (3-6)$$

式中：g 表示 FCFF 稳定增长率；$FCFF_1$ 表示第 1 年的 FCFF。

3. FCFF 两阶段模型

若企业增长呈现阶段性特征，在 n 年以后达到收益稳定增长状态，则 FCFF 折现模型即 FCFF 两阶段模型，式（3-5）可以进一步表示为：

$$P = \sum_{t=1}^{n} \frac{\text{FCFF}_t}{(1+\text{WACC})^t} + \frac{\text{FCFF}_n(1+g)}{(\text{WACC}-g)(1+\text{WACC})^n} \quad (3-7)$$

式中：FCFF_n 表示第 n 年的 FCFF；g 表示第二阶段的 FCFF 稳定增长率。

（二）未来自由现金流的选取与测算

这里在分析 T 公司近 5 年 FCFF 的基础上，预测 T 公司未来 5 年的 FCFF。

1. 近五年 T 公司 FCFF 计算

根据 T 公司 2006—2010 年年度报告，计算得到近 5 年 T 公司的 FCFF，如表 3-1 所示。

表 3-1　2006—2010 年 T 公司 FCFF 统计表　　　　　　　千元

年份	2006	2007	2008	2009	2010
企业自由现金流	-189 814	520 336	540 573	809 254	1 078 758

数据来源：根据 T 公司 2006—2010 年年度报告计算得出。

2. 未来五年 T 公司 FCFF 预测

如果 T 公司自 2010 年以后即达到稳定增长状态，则可以采用 FCFF 稳定增长模型估算企业整体价值。此时须测算企业的稳定增长率 g，其测算方法有多种。这里采用两种方法测算 g：一是参照已有研究（火颖、张汉飞，2004），采用 2001—2010 年国内生产总值（GDP）增长速度的算术平均值 $g_1 = 10.43\%$ 作为 FCFF 预期增长率，据此计算 2011—2015 年 T 公司的 FCFF，如表 3-2 所示；二是采用 T 公司 2004—2010 年历史增长率平均值作为 FCFF 预期增长率，具体采用可持续增长率和主营业务增长率两个指标，并分别对其赋予 20% 和 80% 的权重，综合计算得到历史增长率平均值 $g_2 = 8.93\%$，以此作为 FCFF 预期增长率并计算 2011—2015 年 T 公司的 FCFF，如表 3-2 和表 3-3 所示。

如果 T 公司在 5 年以后才达到稳定增长状态，则可以采用 FCFF 两阶段模型估算企业整体价值。对于第一阶段，根据 T 公司近 5 年的 FCFF、企业实际和合理预期的产能产量与市场占有率情况，以及企业营业成本、三项期间费用、营运资本、追加投资等科目情况，可以逐项预测计算出 2011—2015 年的 FCFF，如表 3-3 所示；对于第二阶段，T 公司的 FCFF 自 2016 年起继续以固定增长率 $g_1 = 10.43\%$ 或者 $g_2 = 8.93\%$ 实现稳定增长。

表 3-2　2004—2010 年 T 公司 FCFF 平均增长率预测表　　　　%

年份	可持续增长率	权重	营业收入增长率	权重	年度增长率
2004	-0.35	20.00	42.57	80.00	33.99
2005	6.97	20.00	28.28	80.00	24.02
2006	-39.38	20.00	-5.74	80.00	-12.47
2007	12.84	20.00	-19.80	80.00	-13.27
2008	14.39	20.00	-1.66	80.00	1.55
2009	9.75	20.00	15.29	80.00	14.18
2010	4.40	20.00	17.04	80.00	14.51
年度增长率平均值					8.93

数据来源：笔者总结。

表 3-3　2011—2015 年 T 公司 FCFF 预测表

预测情形	2011—2015 年 FCFF 预测值（千元）					2016 年及以后 FCFF 预测值
	2011	2012	2013	2014	2015	
稳定增长前五年 ($g_1 = 10.43\%$)	1 191 272	1 315 522	1 452 731	1 604 251	1 771 574	以 g_1 稳定增长
稳定增长前五年 ($g_2 = 8.93\%$)	1 175 091	1 280 027	1 394 333	1 518 847	1 654 480	以 g_2 稳定增长
第一阶段逐项预测	809 528	899 180	929 155	879 288	902 541	以 g_1 稳定增长
						以 g_2 稳定增长

数据来源：笔者总结。

（三）折现率及其具体参数的选取与测算

下面将继续分步骤测算 T 公司 WACC 及其具体参数。

1. T 公司 R_e 的测算

对于企业 R_e 的测算，现在通行的做法是采用 CAPM 进行计算。但通过 CAPM 测算 R_e，必须首先确定三个参数，即 R_f、Beta 系数和 ERP。

（1）R_f 的选取

在现行公司估值实践中，对于 R_f 的选取，常见做法是直接采用 5~10 年国债利率,还有一种做法是选用在债券市场上所有到期日距评估基准日 5 年以上的国债利率作为 R_f。为讨论不同参数选取对公司估值结果的影响程度,我们分别计算了 2001—2010 年发行的 5 年期凭证式国债和记账式国债的平均收益率 3.55%,以及对到期日距离评估基准日 5 年以上债券的平均收益率 4.25%,作为该估值案例中的 R_{f_1} 和 R_{f_2} 取值。

(2) Beta 系数的测算

Beta 系数的常见计算方法有两种:一是根据证券与股票指数收益率的协方差直接进行计算;二是对某一证券收益率与同期 R_m 建立回归方程,将回归系数作为 Beta 值。对此,我们一方面计算 2004—2010 年 T 公司股票收益率与沪深 300 指数收益率的协方差,计算得到 β_1 为 0.67;另一方面通过对 T 公司 2004—2010 年股票收益率和沪深 300 指数收益率建立回归方程,计算得到 β_2 为 0.837。其中,参照美国相关机构估算美国 ERP 时选用标准普尔 500(S&P500)指数的经验,在估算我国市场 R_m 时选用沪深 300 指数。

(3) ERP 的测算

ERP 是投资者投资股票市场的期望收益率超过 R_f 的部分。为合理稀释由于股票非系统性波动所产生的扰动,结合中国股市股票波动的特性,选择 10 年的间隔期作为 ERP 的计算年期。继续选用沪深 300 指数样本估算 R_m,采用到期日距离评估基准日 10 年以上债券收益率作为 R_f,以此计算 2001—2010 年各年度 ERP,并取其平均值 7.40% 作为该估值案例中的 ERP 取值。具体数据见表 3-4。

表 3-4 ERP 测算表   %

年份	2001	2002	2003	2004	2005	2006	2007	2008	2009	2010	平均值
R_m	8.35	1.40	5.69	1.95	3.25	22.54	37.39	0.57	16.89	15.10	11.31
R_f	3.83	3.00	3.77	4.98	3.56	3.55	4.30	3.80	4.09	4.25	3.91
ERP	4.52	-1.60	1.92	-3.03	-0.31	18.99	33.09	-3.23	12.80	10.85	7.40

数据来源:笔者总结。

(4) R_s 的选取

R_s 的选取需要考虑企业规模、企业所处经营阶段、历史经营、企业财务风险、主要产品所处发展阶段等多种因素。一般可采用沃尔打分法对企业各项经营财务指标进行打分,并与行业平均值比较,最后综合得出企业特定风险。一般企业特定风险值选取区间为 0~3%,为简化本案例模拟过程,暂将 T 公司特定风险取值为2%。

(5) R_e 的确定

根据上述步骤测算得出的 ERP、R_s 以及两种 R_f、两种 Beta 系数的不同取值，进一步应用 CAPM [式（3-3）] 估算得到 T 公司 R_e 的 4 种不同取值结果，如表 3-5 所示。

表 3-5　T 公司 R_e 测算表

计算模型	具体测算参数	R_e
CAPM$_1$	$R_{f1}=3.55\%$；$\beta_1=0.67$；ERP$=7.4\%$；$R_s=2\%$	$R_{e1}=10.51\%$
CAPM$_2$	$R_{f2}=4.25\%$；$\beta_1=0.67$；ERP$=7.4\%$；$R_s=2\%$	$R_{e2}=11.21\%$
CAPM$_3$	$R_{f1}=3.55\%$；$\beta_2=0.837$；ERP$=7.4\%$；$R_s=2\%$	$R_{e3}=11.74\%$
CAPM$_4$	$R_{f2}=4.25\%$；$\beta_2=0.837$；ERP$=7.4\%$；$R_s=2\%$	$R_{e4}=12.44\%$

数据来源：笔者总结。

2. T 公司 WACC 的测算

为测算 T 公司 WACC，还需要分别计算 R_d、$\frac{E}{D+E}$ 以及 $\frac{D}{D+E}$，然后综合 R_e 的取值结果确定 WACC。

(1) R_d 的测算

关于 R_d，我们选取 2010 年中国人民银行贷款利率，将 1 年期贷款利率作为短期债务成本，将 5 年以上贷款利率作为长期债务成本，并按照 T 公司短期债务和长期债务的比例进行加权平均，最后计算得到 R_d，如表 3-6 所示。

表 3-6　T 公司 R_d 测算表

短期债务（千元）	短期贷款利率(%)	权重(%)	长期债务（千元）	长期贷款利率(%)	权重(%)
13 457 800	5.81	77.51	3 904 790	6.40	22.49
R_d(%)			5.94		

数据来源：笔者总结。

(2) $\frac{E}{D+E}$ 和 $\frac{D}{D+E}$ 的测算

根据 T 公司资产负债表，可分别得到 2006—2010 年债务资本与股权资本的比例，以此进行算术平均计算得出 $\frac{D}{D+E}$ 为 47%，$\frac{E}{D+E}$ 为 53%，如表 3-7 所示。

表 3-7 T 公司债务权重和权益权重测算表　　　　　　千元

年份	2006	2007	2008	2009	2010	平均值
短期借款	3 292 100	3 130 620	6 712 220	5 013 670	13 457 800	—
长期借款	42 632	435 772	24 301	2 074 420	1 929 290	—
应付债券	0	1 170 420	125 082	0	1 975 500	—
债务合计	3 334 732	4 736 812	6 861 603	7 088 090	17 362 590	—
股东权益	4 676 650	5 650 840	6 211 480	8 428 430	18 092 400	—
债务权益合计	8 011 382	10 387 652	13 073 083	15 516 520	35 454 990	—
债务权重	42%	46%	52%	46%	49%	47%
权益权重	58%	54%	48%	54%	51%	53%

数据来源：根据 T 公司 2006—2010 年年度报告计算得出。

（3）WACC 的确定

根据 T 公司 R_d、$\dfrac{E}{D+E}$、$\dfrac{D}{D+E}$ 以及 R_e 的 4 种不同取值结果，进一步应用 WACC ［式（3-4）］估算得到 T 公司 WACC 的 4 种不同取值结果，如表 3-8 所示。

表 3-8 T 公司 WACC 测算表

计算模型	R_e	其他具体测算参数	WACC
$WACC_1$	$R_{e_1}=10.51\%$	$R_d=5.94\%$；$T=25\%$；$\dfrac{D}{D+E}=47\%$；$\dfrac{E}{D+E}=53\%$	$WACC_1=7.67\%$
$WACC_2$	$R_{e_2}=11.21\%$		$WACC_2=8.04\%$
$WACC_3$	$R_{e_3}=11.74\%$		$WACC_3=8.32\%$
$WACC_4$	$R_{e_4}=12.44\%$		$WACC_4=8.69\%$

数据来源：笔者总结。

二、参数选取对样本公司估值结果的影响分析

根据上述有关 T 公司估值实例中不同参数选取的分析，我们分别得到 T 公司 FCFF 的 4 组不同预测结果（表 3-3）和 WACC 的 4 种不同取值结果（表 3-8），下一步将不同参数组合分别代入 FCFF 稳定增长模型［式（3-6）］和 FCFF 两阶段模型［式（3-7）］，可以测算得到 T 公司整体价值的 16 种不同评估结果，如

表 3 – 9、表 3 – 10 所示。16 个评估值的范围在 179 亿元 ~ 490 亿元，平均值为 335 亿元。

表 3 – 9 T 公司 FCFF 稳定增长模型 8 种估值结果　　　　　　千元

具体测算参数	T 公司 FCFF 稳定增长模型估值结果	具体测算参数	T 公司 FCFF 稳定增长模型估值结果
$g_1 = 10.43\%$；$WACC_1 = 7.67\%$	49 023 539	$g_2 = 8.93\%$；$WACC_1 = 7.67\%$	36 664 306
$g_1 = 10.43\%$；$WACC_2 = 8.04\%$	42 545 429	$g_2 = 8.93\%$；$WACC_2 = 8.04\%$	32 869 678
$g_1 = 10.43\%$；$WACC_3 = 8.32\%$	38 677 662	$g_2 = 8.93\%$；$WACC_3 = 8.32\%$	30 482 257
$g_1 = 10.43\%$；$WACC_4 = 8.69\%$	34 529 623	$g_2 = 8.93\%$；$WACC_4 = 8.69\%$	27 812 805

数据来源：笔者总结。

表 3 – 10 T 公司 FCFF 两阶段模型 8 种估值结果　　　　　　千元

具体测算参数	T 公司 FCFF 稳定增长模型估值结果	具体测算参数	T 公司 FCFF 稳定增长模型估值结果
$g_1 = 10.43\%$；$WACC_1 = 7.67\%$	21 785 145	$g_2 = 8.93\%$；$WACC_1 = 7.67\%$	20 493 211
$g_1 = 10.43\%$；$WACC_2 = 8.04\%$	20 731 049	$g_2 = 8.93\%$；$WACC_2 = 8.04\%$	19 507 764
$g_1 = 10.43\%$；$WACC_3 = 8.32\%$	19 996 132	$g_2 = 8.93\%$；$WACC_3 = 8.32\%$	18 820 662
$g_1 = 10.43\%$；$WACC_4 = 8.69\%$	19 098 188	$g_2 = 8.93\%$；$WACC_4 = 8.69\%$	17 981 076

数据来源：笔者总结。

三、实证分析结论

诚然，该周期性公司估值案例对公司估值模型、具体测算参数的选择及其可能的参数组合形式并未完全详尽地进行模拟分析，但显而易见，采用收益途径对公司估值时，参数选取对估值结果的影响十分显著。一方面，如果采用相对较小的加权平均资本成本或较高的稳定增长率，不仅会直接对企业未来自由现金流的预测产生影响，而且最终会导致企业的价值被高估，反之亦然；另一方面，这种情况使得资产评估相关当事方出于某种目的对企业估值进行操纵的潜在愿望成为可能，一些人为因素将不可避免地对估值结果的合理性和可信度产生不良影响。这也充分说明参数的适当选取对公司合理估值具有关键作用，细微的参数取值不当即可能导致公司估值结果产生重大误差。

这一结论对于参数波动性更加显著的周期性公司估值而言更为适用。虽然所有的企业都会受到宏观经济波动的影响，但它们受影响的程度不一。周期性公司估值的关键参数受宏观经济波动的影响更大。因此，对于周期性公司，更应关注经济波动情形下的估值参数选取对其价值评估可能产生的影响。

第二篇 周期性公司估值与收益途径应用

第四章 周期性公司估值、折现率测算与资本资产定价模型

第五章 周期性公司估值、折现率测算与套利定价模型

第六章 周期性公司估值、收益额测算与退出倍数法

第七章 周期性公司估值、收益额测算与情景分析法

第四章　周期性公司估值、折现率测算与资本资产定价模型

周期性行业景气度、盈利等变化与宏观经济波动密切相关，使其在估值实务中较之一般公司存在更多困难。收益途径应用于周期性公司估值时，须依赖于折现率和未来收益额等参数预测的合理性。其中，对于折现率，度量系统性风险是测算折现率，尤其是风险收益率的核心环节；夏普（Sharpe）提出的 CAPM 已成为现代金融市场价格理论的支柱，采用 Beta 系数对资产系统性风险进行测度，在国内外估值实务中得到广泛应用。但因为该模型仅建立在系统性风险单因素分析基础上，所以遭到越来越多的质疑（Brealey，1996；Fletcher，2001）。尤其是近年来大量实证研究结果表明，在跨期条件下 Beta 系数具有时变性特征。于是，如何提高 Beta 系数的解释能力以及 CAPM 的有效性，是解决周期性公司估值折现率测算难题的首要问题。

第一节　Beta 系数跨期时变与周期性公司估值

本节重点从理论角度探讨 Beta 系数跨期时变对周期性公司估值的可能影响，并对 Beta 系数跨期时变问题的相关文献进行回顾与梳理。

一、Beta 系数跨期时变对周期性公司估值的可能影响

运用回归方法估算 Beta 系数时，回归样本的选择会涉及两项时间要素，即回归期限和收益率度量时限。如果 Beta 系数跨期时变现象存在，对时间要素的不同选择就可能导致估算结果出现差异，从而影响 Beta 系数解释能力，也会使公司估值结论受到质疑。事实上，当前主要 Beta 系数提供商及数据库对回归样本的时间

要素设定方式各不相同。例如，路透社（Reuters）选用5年期限月收益率样本，价值线（Value Line）选用5年期限周收益率样本，彭博（Bloomberg）选用2年期限周收益率样本，国泰安（Csmar）则选用1年期限日收益率样本。

周期性公司估值所包含的系统性环境因素，使估值结果对不同时点的外部环境变化极为敏感，于是对Beta系数等估值参数测算的准确性提出更高要求。那么，Beta系数跨期时变和时间要素设定差异，究竟会对系统性风险度量及周期性公司估值结果产生怎样的影响？审慎设定时间要素，是否有利于提高Beta系数的稳定性，同时降低系统性风险度量及周期性公司估值误差？如何对时间要素进行设定？这些都是进行周期性公司估值理论研究和实践操作所必须厘清的问题。

二、有关Beta系数跨期时变问题的文献回顾

经过梳理，国内外学术界有关Beta系数跨期时变问题的研究主要分为三类，即跨期时变存在性、跨期时变结构或路径以及跨期时变成因。

在Beta系数跨期时变的存在性问题上，国内外学者展开大量实证研究，主要体现在：①大多数研究表明，Beta系数具有跨期不稳定或时变性特征（Blume，1971；Braun et al，1995；Gencay et al，2005；沈艺峰、洪锡熙，1999；陈浪南、屈文洲，2000；丁志国，2012；杨克磊、郭经华，2014；王兴运、白钦先，2015）；少数研究得出Beta系数具有稳定性的结论（高鸿桢、郭济敏，1999；靳云汇、李学，2000）。②部分研究提出，Beta系数稳定性与回归期限长短或资产组合规模大小无关（Porter and Ezzell，1975；Theobald，1981；Gong et al，2006；Sarma and Sarmah，2008；Mollik and Bepari，2010）；但也有研究认为，随着回归期限拉长或资产组合规模扩大，Beta系数稳定性能够得到提高（Levy，1971；苏卫东、张世英，2002；赵景文，2005；袁皓，2007）。③个别研究进一步探讨组合Beta系数稳定性，发现与组合构造方式有关。随机组合的Beta系数稳定性较差（Porter and Ezzell，1975），甚至比单只股票Beta系数更不稳定（Brooks et al，1994）。在此基础上，一些学者从行业视角研究特定行业的Beta系数稳定性（丁晓裕，2014；张士凤，2015），或比较不同行业之间的Beta系数稳定性差异（王荆杰，2009；丁志国等，2012）。

在Beta系数跨期时变的结构或路径方面，国内外学者选择不同模型作为时变Beta系数经验形式，采用各种估计方法拟合时变Beta系数变化路径（Brenner and

Smidt，1977；Brown，1985；Collins and Ledolter，1987；Hoesli and MacGregor，2000；Koutmos and Knif，2002；刘丹红等，2003；吕长江、赵岩，2003；马喜德、郑振龙，2006；丁志国等，2007）。GARCH，MSVAR，SWARCH，STR，RW-SSM等模型都是被用来刻画Beta系数时变路径的常用模型；还有一类具有代表性的观点是，库伯和罗德里格兹（Kolb and Rodriguez，1989）、苏治等（2008）、王红卫（2014）等都证明在一定条件下，Beta系数的跨期时变路径围绕均值1随机发生，并具有收敛趋势。

对于Beta系数跨期时变的成因，早期研究主要从外生性原因入手，将资产系统性风险和Beta系数时变的原因归结为宏观经济变量、市场走势等外生因素变化（BOS and Newbold，1984；陈浪南、屈文州，2000）。而丁志国等（2012）近期研究发现，资产系统性风险和Beta系数跨期时变的原因具有内生性，市场中投资者的主体选择偏好构成其时变的内生性原因，宏观经济因素等变化只是间接影响因素。

此外，既有研究围绕三类问题所采用的研究设计可谓丰富多样，归纳起来包括：其研究对象涉及美国、英国、日本、印度、孟加拉国、中国等不同证券市场的个股或资产组合，对回归期限的选取以1~10年不等，对收益率度量时限的设定包括"日、周、月、季"等不同时段，对Beta系数稳定性采用的实证检验方法包括Chow检验、Farley检验、CUSUM检验、CUSUMSQ检验、Ploberger检验、Dufour检验、White检验、ARCH-LM检验、Ljung-Box检验等，对Beta系数时变结构或路径采用的估计方法或模型包括ROLS方法、RELS方法、QTARCH模型、GARCH模型、MSVAR模型、SWARCH模型、STR模型、RW-SSM模型、MR-SSM模型等。然而，各种实证检验方法因回归样本和统计量构造不同，可能形成差异化的分析结果（王荆杰，2009）；不同估计模型的采用，也会显著影响对Beta系数时变路径的拟合效果（丁志国，2012）。此外，Beta系数估计值还会因收益率度量时限的设定不同而相对独立（Jensen，1969；Estrada，2001；刘仁和等，2003）。

综上可见，国内外学术界对Beta系数跨期时变这一热络命题进行了较深入、全面的探讨，实证分析跨期条件下Beta系数的稳定性和时变路径，揭示影响Beta系数稳定性的部分因素及时变成因，为后续研究积累了大量宝贵素材。但应该看到，已有研究多是随机抽取若干个股作为实证检验样本，其隐含的假设是不同个股在Beta系数稳定性方面具有一致特征。这一方面不利于剔除单个企业微观因素的干扰，另一方面也忽视了可能存在的行业差异。只有个别研究从行业视角对Beta系数时变及其间差异进行探讨，而涉及 Beta 系数跨期时变与特定行业系统性风险度量或公司估值的关联研究更不多见。另外，部分实证研究的观点和结论并非完全一致，甚至截然相反，这与多样化的研究设计不无关系，也说明纵使 Beta 系数跨期时变现象普遍存在，具体结论也可能因样本而异、因期限而异、因方法而异。因此，对于围绕特定命题所展开的细分研究而言，"Beta 系数是否稳定"不可一概而论；这种结论差异显然又为提高 Beta 系数估算、系统性风险度量与公司估值的合理性和准确性提供了可能，与之相关的研究领域和方向也值得进一步延伸与细化。

第二节 资本资产定价模型应用于周期性公司估值的实证分析

参考已有研究，本节拟从理论上剖析 Beta 系数跨期时变、时间要素设定差异对系统性风险度量及周期性公司估值结果的影响，并以 2005—2014 年为样本周期，以我国沪深 A 股市场中典型周期性行业为研究对象，对理论分析结论和研究假说进行实证检验，并在此基础上进一步提出周期性公司估值中应用 CAPM 及测算 Beta 系数的相关建议。

一、理论分析与研究设计

（一）理论分析与研究假说

标准 CAPM 和市场模型是在 Beta 系数估算的实证研究中较常使用的单变量线性模型。

标准 CAPM 可表示为：

$$R_i = R_f + \beta \times (R_m - R_f) \qquad (4-1)$$

式中：R_i 表示行业期望收益率；R_f 表示无风险收益率；R_m 表示市场组合期望收益率；$\beta = \dfrac{\mathrm{cov}(R_i, R_m)}{\mathrm{var}(R_m)}$ 即资产的 Beta 系数。

将式（4-1）进行变形可得到市场模型：

$$\begin{aligned} R_i &= R_f \times (1 - \beta) + \beta \times R_m \\ &= \alpha + \beta \times R_m \end{aligned} \qquad (4-2)$$

采用市场模型对 Beta 系数进行正确估计的重要前提假设之一是，Beta 系数不会随时间发生变化。Beta 系数直接由市场组合期望收益率变动情况与资产期望收益率变动情况之间的关系确定。但已有文献研究表明：宏观经济因素等外生性原因和市场投资者主体选择偏好等内生性原因共同导致不同时期资产系统性风险的变化，亦可表现为 Beta 系数的跨期时变；而对 Beta 系数进行稳定性检验时，检验结论可能受到资产组合规模与构造方式、回归期限等因素影响；Beta 系数估计值还可能因收益率度量时限不同而存在差异。所以，回归样本选择及其时间要素设定可能对 Beta 系数稳定性和估算结果（系统性风险度量）产生影响。

进一步看，当 DCF 模型和 CAPM 应用于公司估值时，Beta 系数取值变化又必然引起风险收益率和折现率的同步变化，进而影响公司估值结果。下面以 FCFE 折现模型为例，推导和模拟 Beta 系数估算误差对公司估值结果的影响①。

假设各期现金流固定为 FCFE 且公司持续经营，使用的折现率和 Beta 系数分别为 CAPM 和 β，则公司评估价值 P 可表示为：

$$P = \frac{FCFE}{CAPM} = \frac{FCFE}{R_f + (R_m - R_f) \times \beta} \tag{4-3}$$

若 Beta 值变化幅度为 $\Delta\beta$，其变化率表示为 $\frac{\Delta\beta}{\beta}$，此时的折现率和公司评估价值相应变为 CAPM′ 和 P'，则由此引起的公司评估价值变化率 $\frac{\Delta P}{P}$ 可表示为：

$$\begin{aligned}\frac{\Delta P}{P} &= \frac{P' - P}{P} = \frac{\frac{FCFE}{CAPM'}}{\frac{FCFE}{CAPM}} - 1 \\ &= \frac{\frac{FCFE}{R_f + (R_m - R_f) \times (\beta + \Delta\beta)}}{\frac{FCFE}{R_f + (R_m - R_f) \times \beta}} - 1 \\ &= -\frac{(R_m - R_f) \times \Delta\beta}{R_f + (R_m - R_f) \times (\beta + \Delta\beta)} \\ &= -\frac{(R_m - R_f) \times \beta \times \frac{\Delta\beta}{\beta}}{R_f + (R_m - R_f) \times \beta \times \left(1 + \frac{\Delta\beta}{\beta}\right)}\end{aligned} \tag{4-4}$$

---

① 如果对企业 FCFF 折现模型进行推导和模拟，也会得到相似结论。

若按 2005—2014 年我国市场历史平均水平①，R_f 取值 3.00%，R_m 取值 13.45%，则式（4-4）进一步变化为：

$$\frac{\Delta P}{P} = \frac{-10.45\% \times \beta \times \frac{\Delta \beta}{\beta}}{3\% + 10.45\% \times \beta \times \left(1 + \frac{\Delta \beta}{\beta}\right)} \qquad (4-5)$$

采用 Matlab 软件编程求解和模拟式（4-5）中 β，$\frac{\Delta \beta}{\beta}$，$\frac{\Delta P}{P}$ 三者之间的定量关系，绘制对应的三维关系图（如图 4-1 所示），以及用于刻画 $\frac{\Delta \beta}{\beta}$ 与 $\frac{\Delta P}{P}$、β 与 $\frac{\Delta P}{P}$ 之间关系的剖面图（如图 4-2、图 4-3 所示），以便清晰判断 Beta 系数估算误差可能对公司估值结果产生的影响。

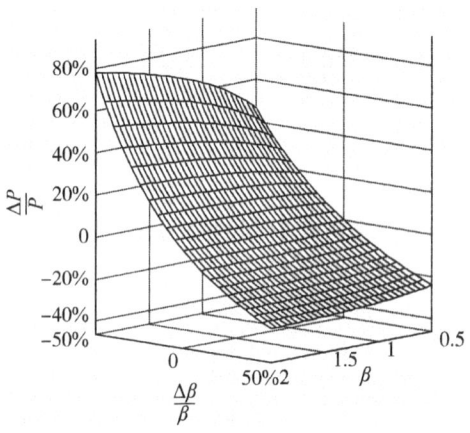

图 4-1　β，$\frac{\Delta \beta}{\beta}$，$\frac{\Delta P}{P}$ 之间三维关系图

---

① 估值实务中，一年期银行定期存款利率和沪深 300 指数收益率常被用于衡量无风险收益率与市场平均收益率。2005—2014 年，我国一年期银行定期存款利率在 2.25%～4.14% 范围内浮动，沪深 300 指数平均年收益率为 $\sqrt[10]{\frac{3\,533.71}{1\,000}} - 1 \approx 13.45\%$。其中，沪深 300 指数在 2004 年 12 月 31 日的基日点位和在 2014 年 12 月 31 日的收盘点位分别为 1 000 和 3 533.71。

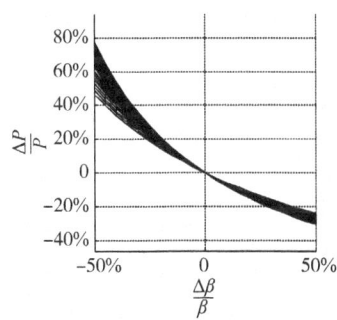 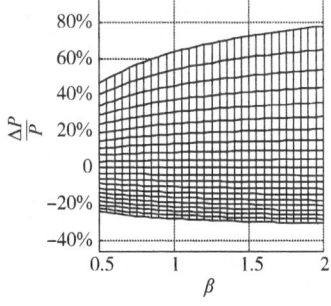

图 4-2 $\dfrac{\Delta \beta}{\beta}$ 与 $\dfrac{\Delta P}{P}$ 间关系剖面图　　图 4-3 β 与 $\dfrac{\Delta P}{P}$ 间关系剖面图

数据来源：图 4-1 至图 4-3 由笔者总结。

从图 4-1 至图 4-3 可以看出，β 和 $\dfrac{\Delta \beta}{\beta}$ 共同对 $\dfrac{\Delta P}{P}$ 产生影响。当 β 一定时，$\left|\dfrac{\Delta P}{P}\right|$ 与 $\left|\dfrac{\Delta \beta}{\beta}\right|$ 呈同方向变动，即公司估值误差随着 Beta 系数估算误差的增大而增大；当 $\dfrac{\Delta \beta}{\beta}$ 一定时，$\dfrac{\Delta P}{P}$ 变化幅度与 β 也呈同方向变动，即 $\dfrac{\Delta P}{P}$ 变化幅度随着 Beta 值的增大而增大；并且，β 和 $\dfrac{\Delta \beta}{\beta}$ 对公司价值被高估的影响弹性大于其被低估的影响弹性。根据式（4-4）亦可推知，这一结论对正常取值情况下的 R_f 和 R_m 具有普适性。

可以预见，回归样本选择及其时间要素设定可能通过影响 Beta 系数估算而对公司估值结果产生影响，并且这种可能性不容小觑。为剔除单个企业微观信息冲击对系统性风险变化的干扰，可以选用行业这一同质性个股组合作为研究样本测算特定行业 Beta 系数，以实现资产组合规模与构造方式的优化。这也符合传统金融理论，即投资组合内的个股波动会在一定程度上相互抵消和降低行业组合相对整个市场的波动性。此时，若市场组合期望收益率算法固定，则回归期限和收益率度量时限两项时间要素极有可能成为影响 Beta 系数稳定性及其估算结果的重要因素。

由此，本节综合理论分析和已有经验研究证据，提出三个可供检验的假说：

假说 1：时间要素设定差异会显著影响 Beta 系数稳定性。

假说 2：时间要素设定差异会显著影响系统性风险度量及周期性公司估值

结果。

假说3：审慎设定时间要素，有利于提高 Beta 系数稳定性，同时降低系统性风险度量及周期性公司估值误差。

（二）检验对象与回归样本

本节拟重点以我国沪深 A 股市场中周期性行业作为检验对象。当前针对我国特定行业 Beta 系数稳定性的研究虽不多见，但个别涉及周期性行业的研究结论为本节研究结果提供了对照比较的对象。例如：王荆杰（2009）通过滚动回归方法发现，Beta 系数稳定性较差的前五个行业中，有三个是周期性行业，即采掘业、房地产业和建筑业，可能是较强周期性导致产生波动较大的系统性风险；丁志国等（2012）发现，在5%的显著性水平下，采用7种实证方法得到的8种检验结果中，分别有6种以上结果支持机械设备业、石油化工业、交运仓储业、采掘业、建筑业、金属非金属业、造纸印刷业、制造业的 Beta 系数跨期不稳定，有5种结果支持房地产业的 Beta 系数跨期不稳定，而金融业的8种结果则全部证明其 Beta 系数跨期稳定。这也就是说，采掘业等工业类周期性行业 Beta 系数比房地产业、金融业等消费类周期性行业 Beta 系数的跨期时变特征更显著。对此，根据第二章有关我国周期性行业的范围界定标准，这里拟选取若干工业类周期性行业和消费类周期性行业作为样本行业，并将实证检验结果与已有研究结论进行对照比较。

在回归样本考察期限的设定方面，尽管 Beta 系数稳定性通常被认为随着回归期限延长而增加，却也并非越长越好（Alexander and Chervany，1980）。已有文献关于 Beta 系数最佳估计时段的结论不一，既有"4~6年"（Alexander and Chervany，1980），也有"9年"（Logue and Aber，1974）等其他时段，上述可对照研究则选用"7~8年"作为估计时段；加之资产系统性风险和 Beta 系数跨期时变具有其内生性原因（丁志国等，2012），回归期限除不宜过长外还不宜相距太远，否则测算结果可能失真。综合以上分析，这里拟将样本考察区间设定为10年，具体样本选取采用临近原则。

在回归样本收益率度量时限的选择方面，上述可对照研究均采用行业日收益率数据作为样本。虽然日收益率能够增加观测量，扩大回归数据规模，但波动幅度过大，且不利于剔除股票单日价格不确定性、个股日收益率因停牌缺失等干扰因素的影响，最终容易影响实证结果；并且，倘若收益率度量时限太短，行业内某些个股特别是市值占比较大的个股的异动,对行业 Beta 系数的影响较大。所以,不排除以上可对照研究结论中鲜见 Beta 系数跨期稳定的情形可能是受到这些影响的干扰。而稍长的收益率度量时限有利于个股组合平滑个股异动对行业的影响,往往使得估算效果更好。当然,"季""半年""年"等过长的收益率度量时限也会因为回归数据较少而降低估算结果的可靠性。基于此,这里拟采用"周"和"月"为单位计算样本行业收益率。

所以,围绕 Beta 系数跨期时变与周期性公司估值关联问题,本研究选择 2005 年 1 月 1 日—2014 年 12 月 31 日作为样本周期,具体选取有色金属(以下简称"有色")、钢铁、石化、房地产、银行等 5 个周期性行业板块收益率及市场平均收益率的周数据和月数据,共计 3 042 个周样本、720 个月样本。通过将所选样本周期划分成不同时间段,可进一步形成回归样本的若干子集,便于对三个研究假说进行检验。

(三)研究方法与步骤

本研究采用的研究方法分为三个主要步骤:

第一,通过 OLS 方法分别考察不同回归期限(1~10 年)和收益率度量时限("周"和"月")下的样本行业 Beta 系数估计值与动态轨迹;除了使用标准差,还参照已有研究(Alexander and Chervany,1980)使用平均绝对偏差(Mean Absolute Deviation,MAD)值检验 Beta 系数稳定性。

区别于已有研究多是把观测值区间直接等分成若干时段进行比较,本研究着眼于公司估值视角,分别模拟以 2005 年 1 月 1 日为评估基准日依次测算未来 1~10 年[①]真实 Beta 系数的可观测值,以 2014 年 12 月 31 日为评估基准日依次测算过去 1~10 年[②]历史 Beta 系数的可观测值,并将各样本行业每期 Beta 系数作为时间序列进行比较,分析不同回归期限变化过程中 Beta 系数波动性和测算效果,比较异同和优劣。

其中,与 CAPM 相比,市场模型的理论假设、应用条件和参数个数都较少,更具可操作性;并且,从统计学角度分析,即使市场中不存在无风险利率,也不

[①] 以 2005 年 1 月 1 日为评估基准日时,根据临近原则,2005 年 1 月 1 日—2005 年 12 月 31 日为 1 年,2005 年 1 月 1 日—2006 年 12 月 31 日为 2 年,并依此类推。
[②] 以 2014 年 12 月 31 日为评估基准日时,根据临近原则,2014 年 1 月 1 日—2014 年 12 月 31 日为 1 年,2013 年 1 月 1 日—2014 年 12 月 31 日为 2 年,并依此类推。

会影响 Beta 系数检验效果（吕长江、赵岩，2003）。据此，采用基于市场模型的 OLS 方法测算 Beta 系数。

根据式（4-2），引入一元一次方程式（4-6）和式（4-7）：

$$R_{i,wn} = \alpha_{wn} + \beta_{wn} \times R_{m,w} + \varepsilon_{wn} \tag{4-6}$$

$$R_{i,mn} = \alpha_{mn} + \beta_{mn} \times R_{m,m} + \varepsilon_{mn} \tag{4-7}$$

式中：$R_{i,wn}$ 和 $R_{i,mn}$ 分别表示样本行业周收益率和月收益率；$R_{m,w}$ 和 $R_{m,m}$ 分别表示市场平均周收益率和月收益率；$\beta_{wn} = \frac{\text{cov}(R_{i,wn}, R_{m,w})}{\text{var}(R_{m,w})}$ 和 $\beta_{mn} = \frac{\text{cov}(R_{i,mn}, R_{m,m})}{\text{var}(R_{m,m})}$ 分别表示收益率度量时限为"周"和"月"的样本行业 Beta 系数；α_{wn} 和 α_{mn} 为常数项；ε_{wn} 和 ε_{mn} 为零均值的随机误差项；n 代表有色、钢铁、石化、房地产、银行等不同样本行业。

第二，参照已有研究（沈艺峰、洪锡熙，1999；赵景文，2005），在样本周期内利用 Chow 检验法（Chow，1960）检验样本行业相邻两期的 Beta 系数是否相等，判断模型结构在预先给定时间点上是否发生变化。检验过程中对 Beta 系数的估计同样采用基于市场模型的 OLS 方法，并基于不同收益率度量时限（"周"和"月"）分别展开。

区别于已有研究多把观测值区间直接等分为两段进行估计和检验，本研究在样本周期内以"年"为间隔，分别假定 9 个模型结构变化的可能断裂点，并分别对每个假定断裂点的前后两期（2005 年 1 月 1 日至第 n 个假定断裂点、第 n 个假定断裂点至 2014 年 12 月 31 日）观测值进行 Chow 检验，以此判断、比较样本行业 Beta 系数稳定性和时变规律。这同时有利于克服 Chow 检验需要先验信息以确定参数变化可能发生位置的局限。

Chow 检验的具体步骤如下：

一是在每个假定断裂点前后两期（各自包含 N 和 M 个数据）分别估计 Beta 系数为 β_1，β_2，得到两个残差平方和 SSR_1，SSR_2，自由度分别为 $N-A$，$M-A$；整个完整时间序列的 Beta 系数估计为 β，得到残差平方和 SSR，自由度为 $N+M-A$。

二是建立假设并检验：

原假设：$H_0 : \beta_1 = \beta_2 = \beta$；

备择假设：$H_1 : \beta_1 \neq \beta_2$；

统计量为：

$$F = \frac{(SSR - SSR_1 - SSR_2)/A}{(SSR_1 + SSR_2)/(N + M - 2A)} \sim F(A, N + M - 2A) \qquad (4-8)$$

在5%的显著性水平下，若 F 值大于临界值、伴随概率小于显著性水平，拒绝原假设并接受备择假设，说明两个模型不属于同一个回归模型，Beta 值不稳定。

第三，以理论分析部分得到的式（4-5）为实证模拟模型，即 $\frac{\Delta P}{P} = \frac{-10.45\% \times \beta \times \frac{\Delta \beta}{\beta}}{3\% + 10.45\% \times \beta \times \left(1 + \frac{\Delta \beta}{\beta}\right)}$，假设暂不考虑公司特有风险，针对公司价值可能被高估和低估的两种结果，分别统计每个样本行业各期 β_{wn} 之间、β_{mn} 之间及同期 β_{wn} 和 β_{mn} 之间的最大变化率 $\left|\frac{\Delta \beta_{wn}}{\beta_{wn}}\right|_{max}$，$\left|\frac{\Delta \beta_{mn}}{\beta_{mn}}\right|_{max}$，$\left|\frac{\beta_{wn} - \beta_{mn}}{\beta_{mn}}\right|_{max}$，也就是不同回归期限（1~10年）和收益率度量时限（"周"和"月"）下系统性风险度量的最大可能误差，并分别代入式（4-5）求得与之对应的公司估值最大可能误差 $\left|\frac{\Delta P}{P}\right|_{max,1}$，$\left|\frac{\Delta P}{P}\right|_{max,2}$，$\left|\frac{\Delta P}{P}\right|_{max,3}$，比较异同和优劣。

二、样本数据与描述性统计

（一）变量构建与数据来源

1. 行业收益率

这里选择行业板块股价指数衡量行业收益率，具体选取 2005 年 1 月 1 日—2014 年 12 月 31 日有色、钢铁、石化、房地产、银行共计 5 个周期性行业板块的周收盘指数和月收盘指数，数据来自 Wind 数据库。

对行业收益率 $R_{i,n}$ 的计算是基于 5 个行业板块的周收盘指数和月收盘指数，分别得到各行业板块的周收益率 $R_{i,wn}$ 和月收益率 $R_{i,mn}$ 的时间序列数据。具体计算公式如下：

$$R_{i,n} = \ln \frac{T \text{时段行业板块收盘指数}}{(T-1) \text{时段行业板块收盘指数}} \qquad (4-9)$$

2. 市场平均收益率

沪深 300 指数是我国沪深证券交易所于 2005 年联合发布的第一只跨市场指

数,以2004年12月31日为基日,反映流动性强和规模大的代表性股票的股价综合变动,样本股行业分布状况与市场行业分布状况接近,对整个市场具有较强的代表性,也比较符合CAPM中所描述的市场组合。参考Reuters,Bloomberg等估计Beta系数时选用标准普尔500指数(S&P 500),这里选择沪深300指数衡量市场平均收益率,具体选取2005年1月1日—2014年12月31日的周收盘指数和月收盘指数,数据来自Wind数据库。

对市场平均收益率R_m的计算是基于沪深300指数的周收盘指数和月收盘指数,分别得到周收益率$R_{m,w}$和月收益率$R_{m,m}$的时间序列数据。具体计算公式如下:

$$R_m = \ln \frac{T\text{时段沪深}300\text{收盘指数}}{(T-1)\text{时段沪深}300\text{收盘指数}} \quad (4-10)$$

(二)描述性统计

利用Eviews8.0软件,对5个样本行业收益率及市场平均收益率的时间序列数据进行描述性统计分析,结果详见表4-1。

表4-1 变量描述性统计

变量	观测数	最小值(%)	最大值(%)	均值(%)	标准差	偏度	峰度
$R_{i,w\text{有色}}$	507	-20.59	22.65	0.30	5.70	0.06	1.58
$R_{i,w\text{钢铁}}$	507	-20.78	19.48	0.12	4.73	-0.06	2.19
$R_{i,w\text{石化}}$	507	-16.73	14.94	0.17	3.92	-0.13	1.71
$R_{i,w\text{房地产}}$	507	-23.01	19.37	0.35	5.04	-0.31	1.72
$R_{i,w\text{银行}}$	507	-18.83	16.96	0.35	4.64	-0.02	1.78
$R_{m,w}$	507	-16.26	15.03	0.25	3.95	-0.12	1.79
$R_{i,m\text{有色}}$	120	-42.69	30.39	1.26	13.64	-0.46	0.86
$R_{i,m\text{钢铁}}$	120	-37.81	29.75	0.49	11.82	-0.57	1.52
$R_{i,m\text{石化}}$	120	-31.76	20.30	0.73	9.42	-0.89	1.38
$R_{i,m\text{房地产}}$	120	-30.08	30.71	1.47	11.04	-0.15	0.65
$R_{i,m\text{银行}}$	120	-34.96	29.36	1.47	10.30	-0.31	1.59
$R_{m,m}$	120	-29.91	24.63	1.05	9.59	-0.49	1.18

数据来源:笔者总结。

根据表 4-1，在样本周期内，每个周收益率变量各获得 507 个观测值，每个月收益率变量各获得 120 个观测值。各类收益率变量的观测值均有正有负，标准差远大于均值，说明数据离散程度很高，样本股价波动较为剧烈，市场较不稳定。除 $R_{i,w有色}$ 外，其他各类收益率变量的偏度均为负值，但数值较小，说明分布形态与正态分布相比为负偏或左偏，偏斜程度较小。各类收益率变量的峰度均为正值[①]，说明分布曲线比正态分布的高峰更加陡峭，呈尖顶曲线。此外，所有收益率变量的均值都为正值，说明样本行业与市场组合在样本周期内的收益表现总体较好。其中，房地产和银行这 2 个消费类周期性行业的收益率变量均值都高于其他 3 个工业类周期性行业，所有月收益率变量的最大值、最小值和均值普遍高于其同类样本的周收益率变量。

（三）时间序列趋势分析

为进一步比较分析各类收益率变量的时间序列趋势，借助 Eviews8.0 软件，根据样本数据分别输出得到各类收益率变量的时间序列趋势图，如图 4-4 至图 4-15 所示。

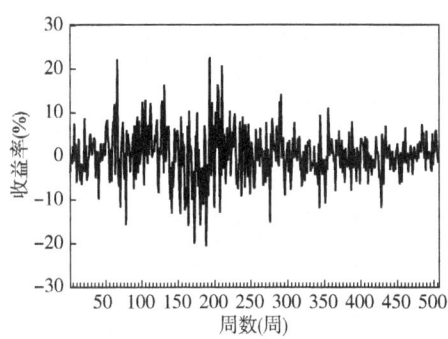

图 4-4　$R_{i,w有色}$ 时间序列趋势

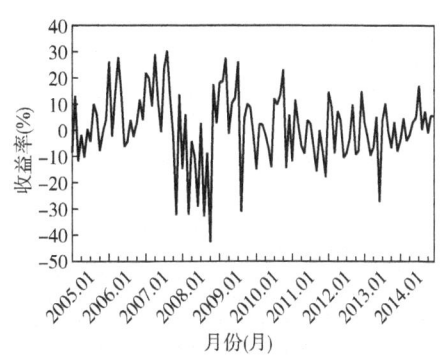

图 4-5　$R_{i,m有色}$ 时间序列趋势

[①]　正态分布的峰度系数为 3，但 SPSS19.0 软件在计算峰度时，自动做减 3 处理，即将正态分布的峰度值默认为 0。

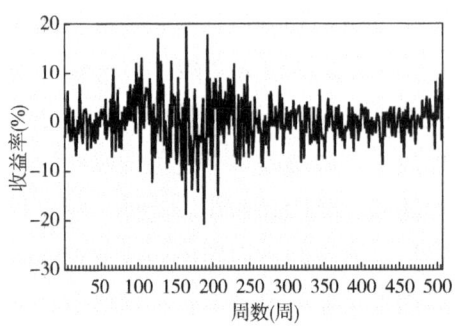

图4-6 $R_{i,w钢铁}$ 时间序列趋势

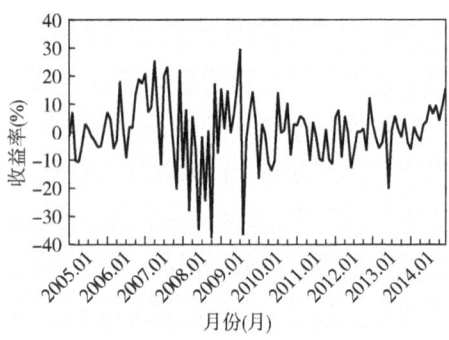

图4-7 $R_{i,m钢铁}$ 时间序列趋势

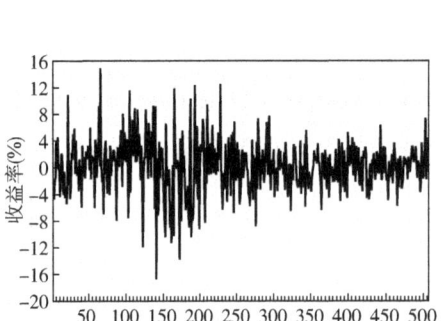

图4-8 $R_{i,w石化}$ 时间序列趋势

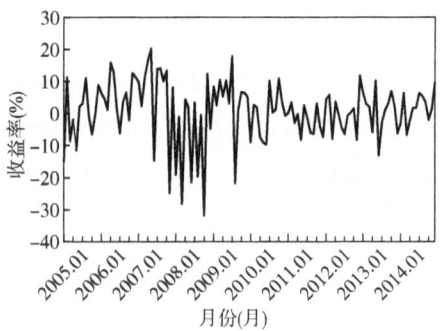

图4-9 $R_{i,m石化}$ 时间序列趋势

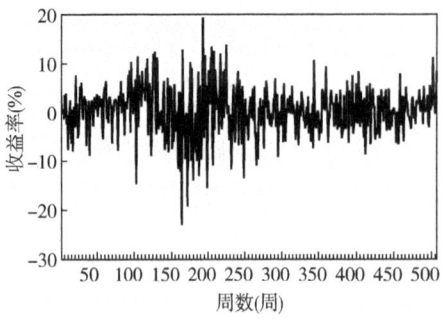

图4-10 $R_{i,w房地产}$ 时间序列趋势

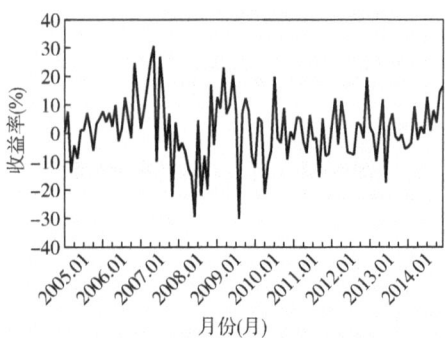

图4-11 $R_{i,m房地产}$ 时间序列趋势

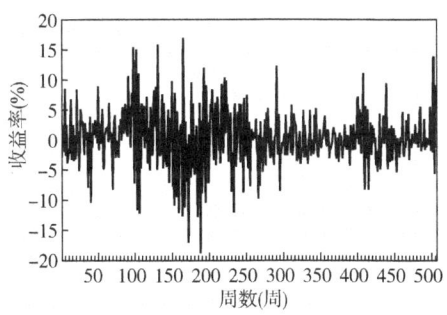

图 4-12　$R_{i,w银行}$ 时间序列趋势

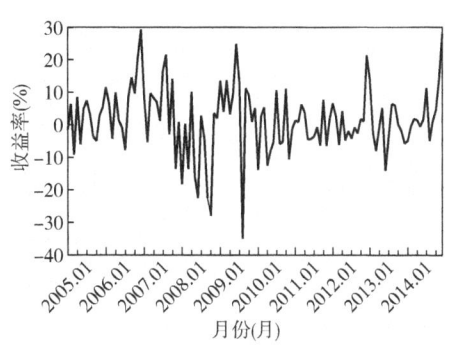

图 4-13　$R_{i,m银行}$ 时间序列趋势

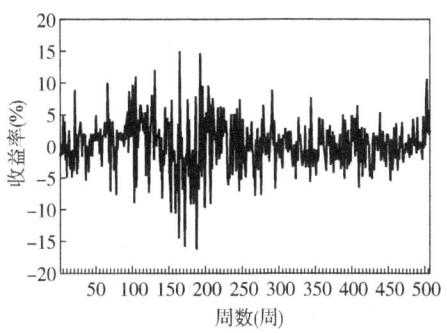

图 4-14　$R_{m,w}$ 时间序列趋势

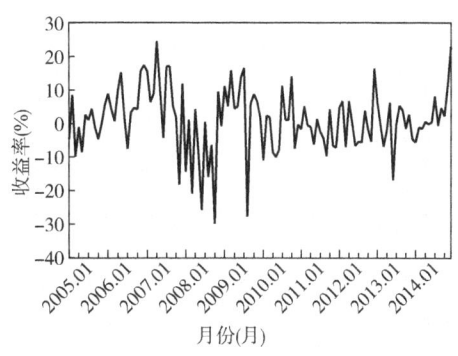

图 4-15　$R_{m,m}$ 时间序列趋势

数据来源：图 4-4 至图 4-15 由笔者总结。

从图 4-4 至图 4-15 可见，与描述性统计分析结果相似，各类收益率变量的时间序列数据均呈剧烈波动的不规则变化趋势，但在相同收益率度量时限下，样本行业收益率走势与市场平均收益率走势基本一致。只是不同样本行业的收益率波动幅度存在差异；月收益率变量因观测数较少，波动的剧烈程度相对弱于周收益率变量。

三、对 Beta 系数跨期时变特征的实证检验

（一）Beta 系数动态轨迹与标准差、MAD 值稳定性检验

利用 Eviews8.0 软件，模拟以 2005 年 1 月 1 日为评估基准日，测算得到各样本行业未来 1~10 年真实 β_{wn} 和 β_{mn} 的可观测值，如表 4-2 所示，相应的回归期

限变化过程中 β_{wn} 和 β_{mn} 动态轨迹见图 4-16、图 4-17；模拟以 2014 年 12 月 31 日为评估基准日，测算各样本行业过去 1~10 年历史 β_{wn} 和 β_{mn} 的可观测值如表 4-3 所示，相应的回归期限变化过程中 β_{wn} 和 β_{mn} 动态轨迹见图 4-18、图 4-19；对两种情形下全部 β_{wn} 和 β_{mn} 估计结果进行描述性统计分析，结果如表 4-4 所示。

表 4-2 未来 1~10 年回归期限下真实 β_{wn} 和 β_{mn} 的观测值

（以 2005 年 1 月 1 日为评估基准日）

Beta 值	1 年	2 年	3 年	4 年	5 年	6 年	7 年	8 年	9 年	10 年
$\beta_{w有色}$	1.122**	1.276**	1.238**	1.236**	1.261**	1.271**	1.281**	1.277**	1.265**	1.238**
$\beta_{w钢铁}$	0.842**	0.935**	1.019**	1.059**	1.073**	1.068**	1.071**	1.060**	1.045**	1.033**
$\beta_{w石化}$	1.050**	0.944**	0.907**	0.851**	0.842**	0.848**	0.853**	0.850**	0.838**	0.824**
$\beta_{w房地产}$	1.141**	0.917**	0.998**	1.072**	1.110**	1.102**	1.104**	1.110**	1.108**	1.096**
$\beta_{w银行}$	1.052**	0.849**	0.846**	0.926**	0.932**	0.933**	0.922**	0.906**	0.921**	0.933**
$\beta_{m有色}$	1.309**	1.011**	1.268**	1.323**	1.319**	1.308**	1.324**	1.318**	1.325**	1.267**
$\beta_{m钢铁}$	0.714**	0.998**	1.159**	1.183**	1.209**	1.203**	1.201**	1.185**	1.176**	1.151**
$\beta_{m石化}$	1.413**	0.995**	0.986**	0.995**	0.947**	0.930**	0.925**	0.916**	0.906**	0.872**
$\beta_{m房地产}$	1.069**	0.860**	0.992**	0.924**	0.964**	0.989**	0.997**	1.003**	1.006**	0.996**
$\beta_{m银行}$	0.860**	1.000**	0.740**	0.840**	0.909**	0.921**	0.905**	0.900**	0.906**	0.925**

注："**"表示 Beta 系数通过 1% 的显著性水平检验。

数据来源：笔者总结。

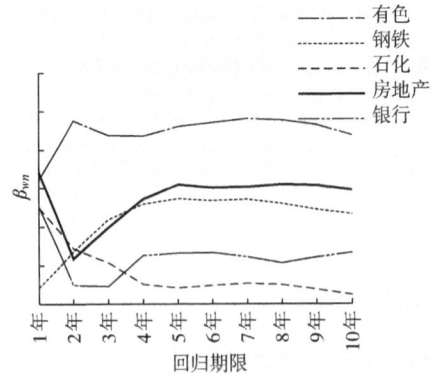

图 4-16 2005 年 1 月 1 日评估基准日真实 β_{wn} 趋势

数据来源：笔者总结。

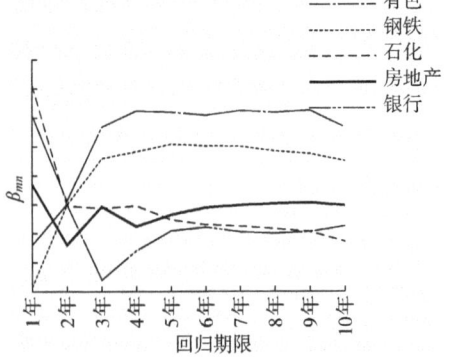

图 4-17 2005 年 1 月 1 日评估基准日真实 β_{mn} 趋势

数据来源：笔者总结。

表 4-3 过去 1~10 年回归期限下历史 β_{wn} 和 β_{mn} 的观测值
（以 2014 年 12 月 31 日为评估基准日）

Beta 值	1 年	2 年	3 年	4 年	5 年	6 年	7 年	8 年	9 年	10 年
$\beta_{w有色}$	0.749**	0.910**	0.999**	1.094**	1.170**	1.240**	1.236**	1.233**	1.244**	1.238**
$\beta_{w钢铁}$	0.787**	0.802**	0.827**	0.898**	0.929**	0.995**	1.040**	1.049**	1.042**	1.033**
$\beta_{w石化}$	0.583**	0.605**	0.671**	0.729**	0.778**	0.786**	0.793**	0.807**	0.813**	0.824**
$\beta_{w房地产}$	0.847**	0.972**	1.051**	1.077**	1.059**	1.130**	1.135**	1.122**	1.093**	1.096**
$\beta_{w银行}$	1.145**	1.159**	0.993**	0.937**	0.935**	0.943**	0.963**	0.942**	0.927**	0.933**
$\beta_{m有色}$	0.398	0.880**	0.985**	1.069**	1.117**	1.194**	1.264**	1.302**	1.266**	1.267**
$\beta_{m钢铁}$	0.694**	0.878**	0.900**	0.952**	1.004**	1.110**	1.164**	1.178**	1.163**	1.151**
$\beta_{m石化}$	0.382*	0.524	0.605**	0.640**	0.675**	0.710**	0.828**	0.856**	0.855**	0.872**
$\beta_{m房地产}$	0.789**	0.935	0.988**	1.035**	1.082**	1.091**	1.001**	1.014**	0.993**	0.996**
$\beta_{m银行}$	1.183**	1.117	1.023**	0.956**	0.969**	1.037**	0.991**	0.906**	0.929**	0.925**

注："**"表示 Beta 系数通过 1% 的显著性水平检验；"*"表示 Beta 系数通过 5% 的显著性水平检验；1 年期 $\beta_{m有色}$ 对应 P 值为 0.084，仅通过 10% 的显著性水平检验。

数据来源：笔者总结。

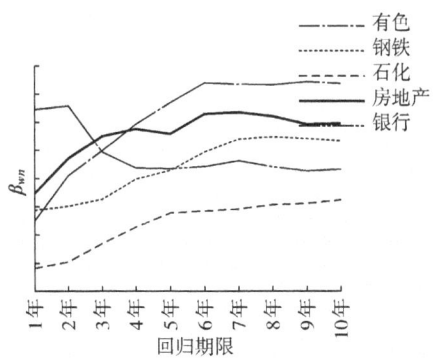

图 4-18 2014 年 12 月 31 日评估
基准日历史 β_{wn} 趋势

数据来源：笔者总结。

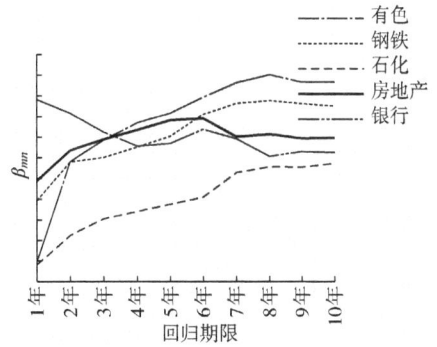

图 4-19 2014 年 12 月 31 日评估
基准日历史 β_{mn} 趋势

数据来源：笔者总结。

表4-4 β_{wn}和β_{mn}估计结果描述性统计

变量	观测数	最小值	最大值	均值	标准差	MAD值
$\beta_{w有色}$	19	0.749	1.281	1.176	0.15	0.06
$\beta_{w钢铁}$	19	0.787	1.073	0.978	0.10	0.07
$\beta_{w石化}$	19	0.583	1.050	0.809	0.11	0.06
$\beta_{w房地产}$	19	0.847	1.141	1.065	0.08	0.04
$\beta_{w银行}$	19	0.846	1.159	0.956	0.08	0.03
$\beta_{m有色}$	19	0.398	1.325	1.171	0.23	0.09
$\beta_{m钢铁}$	19	0.694	1.209	1.064	0.17	0.11
$\beta_{m石化}$	19	0.382	1.413	0.840	0.22	0.12
$\beta_{m房地产}$	19	0.789	1.091	0.986	0.07	0.04
$\beta_{m银行}$	19	0.740	1.183	0.948	0.10	0.05

注：以2005年1月1日为评估基准日的未来10年回归期限下真实β_{wn}和β_{mn}与以2014年12月31日为评估基准日的过去10年回归期限下历史β_{wn}和β_{mn}的回归样本相同，故估计结果一致，共同作为一种变量观测值纳入描述性统计分析。

数据来源：笔者总结。

根据表4-2至表4-4、图4-16至图4-19可以发现：①全部β_{wn}和绝大多数β_{mn}都通过1%的显著性水平检验，1年期$\beta_{m石化}$和$\beta_{m有色}$分别只通过5%和10%的显著性水平检验，说明当回归期限较短时，样本行业Beta系数的周收益率估计结果较之于月收益率估计结果具有更好的可靠性；②β_{wn}，β_{mn}在同一回归期限下的估计结果并不相同，且在数值大小方面未呈现显著规律①，说明样本行业Beta系数的周收益率估计结果和月收益率估计结果相对独立；③β_{wn}和β_{mn}在回归期限为1~4年时均表现出较强的波动性，在回归期限为5年（含）以上时逐渐趋于稳定，说明样本行业Beta系数估计结果在回归期限为5年（含）以上时具有更好的稳定性；④β_{wn}和β_{mn}最小值均小于1，最大值均大于1，均值都接近于1，说明样本行业Beta系数估计结果围绕均值1波动，并具有收敛趋势；⑤经计算，β_{wn}标

---

① 这一结果与Estrada（2000）的研究结论不一致。Estrada（2000）提出，Beta系数估计值随着收益率度量时限的增大而降低，也就是周收益率估计结果会低于月收益率估计结果。

准差均值、MAD 均值分别为 0.10 和 0.05，β_{mn} 标准差均值、MAD 均值分别为 0.16 和 0.08，后者数值高于前者，说明样本行业 Beta 系数的周收益率估计结果比月收益率估计结果具有更好的稳定性；⑥有色、钢铁、石化三大行业 β_{wn} 和 β_{mn} 的标准差和 MAD 值均高于房地产业和银行业，说明消费类周期性样本行业的 Beta 系数估计结果比工业类周期性样本行业具有更好的稳定性。

（二）Beta 系数的 Chow 稳定性检验

借助 Eviews8.0 软件，分别对 9 个假定断裂点前后两期的各样本行业 β_{wn} 和 β_{mn} 观测值进行 Chow 检验，检验得到 F 值结果如表 4-5 所示。继续以 2014 年 12 月 31 日为评估基准日，则 9 个假定断裂点可依次看作历史回归期限取 1~9 年的时间截点，其后的 β_{wn} 和 β_{mn} 观测值可分别看作过去 1~9 年历史 β_{wn} 和 β_{mn} 观测值。

表 4-5 β_{wn} 和 β_{mn} 稳定性检验（F 值）

F 值	2005/12/30	2006/12/29	2007/12/28	2008/12/31	2009/12/31	2010/12/31	2011/12/30	2012/12/28	2013/12/27
β_w有色	0.31	0.76	0.05	0.01	1.02	3.58*	5.56*	7.52*	6.29*
β_w钢铁	1.88	2.68	0.14	0.68	2.86	3.34*	5.74*	4.80*	2.76
β_w石化	2.13	1.98	2.26	0.98	0.68	1.95	3.66*	4.83*	2.91
β_w房地产	0.06	1.84	2.49	0.54	0.40	0.24	0.43	0.81	2.05
β_w银行	0.80	1.96	1.32	0.06	0.03	0.36	0.41	3.13*	1.31
β_m有色	0.05	0.07	0.02	0.62	1.32	2.25	2.69	4.60*	6.94*
β_m钢铁	1.70	2.00	1.42	0.40	2.79	3.77*	3.59*	4.37*	4.70*
β_m石化	2.33	1.26	1.57	6.19*	4.48*	4.04*	4.10*	4.84*	4.58*
β_m房地产	0.05	0.16	0.03	1.27	0.46	0.28	0.22	0.03	0.47
β_m银行	0.42	0.59	1.80	1.93	0.16	0.47	0.40	1.57	1.05

注：对 β_{wn}，"*"表示 F 值大于临界值 3.01，伴随概率小于 5% 的显著性水平；对 β_{mn}，"*"表示 F 值大于临界值 3.07，伴随概率小于 5% 的显著性水平。

数据来源：笔者总结。

由表 4-5 可见，在 5% 的显著性水平下：①β_w房地产，β_m房地产，β_m银行 在 9 个假定断裂点的 Chow 检验 F 值全部小于临界值，说明房地产业 Beta 系数估计结果和银行业 Beta 系数的月收益率估计结果均具有很好的稳定性；②统计 Chow 检验 F 值大于临界值的假定断裂点个数，$\beta_{w银行}$ 有 1 个，$\beta_{w石化}$ 和 $\beta_{m有色}$ 各有 2 个，$\beta_{w钢铁}$ 有 3 个，$\beta_{w有色}$ 和 $\beta_{m钢铁}$ 各有 4 个，$\beta_{m石化}$ 则高达 6 个，说明对于银行业 Beta 系数的周收益率估计结果和其他 4 个行业 Beta 系数估计结果，检验时点设定的不同或者说样本回归期限的选择差异，可能会导致稳定性检验的结论相悖；③β_{wn} 和 β_{mn} 的 Chow 检验结果中，F 值大于临界值的情形分别占 22.22% 和 26.67%，前者比例略低于后者，说明样本行业 Beta 系数的周收益率估计结果的稳定性略好于月收益率估计结果；④前 5 个假定断裂点和后 4 个假定断裂点的 Chow 检验结果中，F 值大于临界值的情形分别占 4.44% 和 44.44%，前者比例远低于后者，说明历史回归期限为 5 年（含）以上时，样本行业 Beta 系数估计结果的稳定性更好；⑤消费类周期性样本行业和工业类周期性样本行业的 Chow 检验结果中，F 值大于临界值的情形分别占 2.22% 和 46.67%，前者比例远低于后者，说明消费类周期性样本行业 Beta 系数的稳定性好于工业类周期性样本行业。

四、对周期性公司估值结果影响的实证模拟

根据表 4-3 数据和式（4-5），继续以 2014 年 12 月 31 日为评估基准日，假设暂不考虑公司特有风险，分别统计各样本行业系统性风险度量及公司估值最大可能误差的实证模拟结果，其中，在不同回归期限（1~10 年）和相同收益率度量时限下的结果如表 4-6 所示，在相同回归期限（5~10 年）①和不同收益率度量时限下的结果如表 4-7 所示。表 4-6、表 4-7 中的 $\left(\dfrac{\Delta\beta_{wn}}{\beta_{wn}}\right)_{max}$，$\left(\dfrac{\Delta\beta_{mn}}{\beta_{mn}}\right)_{max}$，$\left(\dfrac{\beta_{wn}-\beta_{mn}}{\beta_{mn}}\right)_{max}$，$\left(\dfrac{\Delta P}{P}\right)_{min}$ 和 $\left(\dfrac{\Delta\beta_{wn}}{\beta_{wn}}\right)_{min}$，$\left(\dfrac{\Delta\beta_{mn}}{\beta_{mn}}\right)_{min}$，$\left(\dfrac{\beta_{wn}-\beta_{mn}}{\beta_{mn}}\right)_{min}$，$\left(\dfrac{\Delta P}{P}\right)_{max}$ 分别与公司价值被低估和高估时的 $\left|\dfrac{\Delta\beta_{wn}}{\beta_{wn}}\right|_{max}$，$\left|\dfrac{\Delta\beta_{mn}}{\beta_{mn}}\right|_{max}$，$\left|\dfrac{\beta_{wn}-\beta_{mn}}{\beta_{mn}}\right|_{max}$，$\left|\dfrac{\Delta P}{P}\right|_{max}$ 相对应。

---

① 鉴于实证分析前两部分均已证明当回归期限为 5 年（含）以上时，样本行业 Beta 系数估计结果具有更好的稳定性，此部分只统计分析各样本行业在 5~10 年回归期限下的同期 $\left|\dfrac{\beta_{mn}-\beta_{wn}}{\beta_{wn}}\right|_{max}$ 和 $\left|\dfrac{\Delta P}{P}\right|_{max}$，以集中考察 Beta 系数相对稳定情况下不同收益率度量时限对系统性风险度量及公司估值结果可能产生的影响。

表 4-6　不同回归期限（1~10 年）和相同收益率度量时限下最大可能误差的实证模拟　　　　%

行业	$\left(\dfrac{\Delta\beta_{wn}}{\beta_{wn}}\right)_{\max}$	$\left(\dfrac{\Delta P}{P}\right)_{\min,1}$	$\left(\dfrac{\Delta\beta_{wn}}{\beta_{wn}}\right)_{\min}$	$\left(\dfrac{\Delta P}{P}\right)_{\max,1}$	$\left(\dfrac{\Delta\beta_{mn}}{\beta_{mn}}\right)_{\max}$	$\left(\dfrac{\Delta P}{P}\right)_{\min,2}$	$\left(\dfrac{\Delta\beta_{mn}}{\beta_{mn}}\right)_{\min}$	$\left(\dfrac{\Delta P}{P}\right)_{\max,2}$
有色	66.09	-32.33	-39.79	47.78	54.43	-28.68	-35.25	40.22
钢铁	33.29	-19.61	-24.98	24.39	227.13	-56.89	-69.43	131.96
石化	41.34	-21.69	-29.25	27.70	69.74	-33.04	-41.09	49.33
房地产	34.00	-20.25	-25.37	25.40	128.27	-42.27	-56.19	73.23
银行	25.03	-16.04	-20.02	19.11	38.28	-21.91	-27.68	28.06

数据来源：笔者总结。

表 4-7　相同回归期限（5~10 年）和不同收益率度量时限下最大可能误差的实证模拟　　　　%

行业	$\left(\dfrac{\beta_{wn}-\beta_{mn}}{\beta_{mn}}\right)_{\max}$	$\left(\dfrac{\Delta P}{P}\right)_{\min,3}$	$\left(\dfrac{\beta_{wn}-\beta_{mn}}{\beta_{mn}}\right)_{\min}$	$\left(\dfrac{\Delta P}{P}\right)_{\max,3}$
有色	4.74	-3.64	-5.30	4.54
钢铁	—	—	-10.95	9.66
石化	15.26	-9.67	-5.72	4.48
房地产	13.39	-9.42	-2.13	1.71
银行	3.97	-2.93	-9.06	7.64

注："-"表示公司价值被低估情形不存在，即回归期限为 5~10 年时，钢铁行业 β_{wn} 均小于 β_{mn}。

数据来源：笔者总结。

通过实证模拟可以看出：①在不同回归期限（1~10 年）下，样本行业 $\dfrac{\Delta\beta_{wn}}{\beta_{wn}}$，$\left(\dfrac{\Delta P}{P}\right)_1$，$\dfrac{\Delta\beta_{mn}}{\beta_{mn}}$，$\left(\dfrac{\Delta P}{P}\right)_2$ 的最大可能变化区间都远超误差允许范围，即使是受影响最小的银行业，其四种对应区间也分别达到 -20.02%~25.03%，16.04%~19.11%，-27.68%~38.28%，-21.91%~28.06%，可见回归期限设定差异对样本行业系统性风险度量及公司估值结果影响显著；②除有色行业数值差异度相对较低外，其他样本行业 $\dfrac{\Delta\beta_{mn}}{\beta_{mn}}$，$\left(\dfrac{\Delta P}{P}\right)_2$ 的最大可能变化区间均大于 $\dfrac{\Delta\beta_{wn}}{\beta_{wn}}$，$\left(\dfrac{\Delta P}{P}\right)_1$，尤其是钢铁行业 $\left(\dfrac{\Delta\beta_{mn}}{\beta_{mn}}\right)_{\max}$，$\left(\dfrac{\Delta P}{P}\right)_{\max,2}$ 甚至分别高达 $\left(\dfrac{\Delta\beta_{wn}}{\beta_{wn}}\right)_{\max}$，

$\left(\frac{\Delta P}{P}\right)_{\max,1}$ 的 6.82 倍和 5.41 倍,说明收益率度量时限设定差异同样对样本行业系统性风险度量及公司估值结果影响显著,且周收益率估计结果的精确度在多数情况下好于月收益率估计结果;③在相同回归期限(5~10 年)下,即样本行业 Beta 系数已相对稳定时,$\frac{\beta_{wn}-\beta_{mn}}{\beta_{mn}}$、$\left(\frac{\Delta P}{P}\right)_3$ 的最大可能变化区间最小为有色行业的 -5.30%~4.74% 和 -3.64%~4.54%,最大为石化行业的 -5.72%~15.26%、-9.67%~4.48%,可见即使都选择了较长且一致的回归期限,由于不同收益率度量时限下样本行业 Beta 系数各自独立,所以也表现出一定的估算精度差异,说明在样本行业 Beta 系数较为稳定且已剔除回归期限差异影响的情况下,收益率度量时限设定差异仍会对系统性风险度量及公司估值结果产生一定影响。

五、实证分析结论及建议

(一)实证分析结论

综合以上各步骤的实证结果及分析,可以得到以下主要结论:①回归期限和收益率度量时限设定差异会显著影响样本行业 Beta 系数稳定性。验证假说 1。②回归期限和收益率度量时限设定差异对样本行业系统性风险度量及公司估值结果影响显著。验证假说 2。③样本行业 Beta 系数估计结果在回归期限为 5 年(含)以上时具有更好的稳定性,Beta 系数的周收益率估计结果和月收益率估计结果相对独立,且前者比后者具有更好的稳定性、可靠性和精确度,这有利于降低系统性风险度量及公司估值误差。验证假说 3。

与部分已有研究结果相比,上述结论既是验证和延伸,又是探索与创新:①不同收益率度量时限下的 Beta 系数估计结果不仅会相对独立,还存在估计效果差异。除了周收益率数据估计效果好于月收益率数据样本外,本研究采用周收益率和月收益率数据的估计效果整体好于已有对照文献的日收益率数据样本。②Beta 系数最佳估计时段的确存在,但有别于已有研究的是,回归期限为"5~10 年"时的 Beta 系数估计效果更佳。③Beta 系数跨期时变虽然会导致公司估值困境,但这一难题在较大程度上可以通过时间要素的审慎设定得以解决。因为检验结果表明,即便是周期性行业,只要时间要素设定合理,也可以估算得到具有较好稳定性的 Beta 系数。④实证结果也可以证明,消费类周期性样本行业 Beta 系数的稳定性好于工业类周期性样本行业,样本行业 Beta 系数估计结果围绕均值 1 随机发生,并具有收敛趋势,这些结论与已有文献结论一致。

(二) CAPM 应用及 Beta 系数测算建议

综上所述,Beta 系数跨期时变、时间要素设定差异关系到系统性风险度量及周期性公司估值结果的精确度。在周期性公司估值中,若应用 CAPM 测算折现率,应当审慎设定时间要素,以提高 Beta 系数稳定性,同时降低系统性风险度量及周期性公司估值误差,进而提高 Beta 的解释能力及 CAPM 的有效性。其中,"5~10 年"是更为可取的 Beta 系数估计时段[①],并应优先选择以"周"为单位的收益率度量时限,其次是以"月"为单位。

此外,鉴于 CAPM 模型建立在严格的假定前提下,学者们也尝试保持其原有的"风险—收益"对应关系,将该模型的假设放松并进行模型的修正,以求更加适用于资本市场的实际情况。例如:将单因素 CAPM 拓展为 APT 等多因素模型;提出基于消费的 C - CAPM 模型、基于货币的 M - CAPM 模型,将资产回报率与其他经济变量联系起来;将 CAPM 的单投资期假设拓展为多期,如 I - CAPM 模型。因此,对于周期性公司估值中的折现率测算难题,从多种 CAPM 拓展模型的优先选择与可行性分析入手进行探讨,也不失为一种可以尝试的化解路径。

[①] 实证结果表明,样本行业 Beta 系数估计结果在回归期限为 5 年(含)以上时具有更好的稳定性,但考虑到 Beta 系数跨期时变的内生性、回归样本数据规模无限扩大的操作意义,以及关于 Beta 系数最佳估计时段的现有结论等因素,Beta 系数回归期限不宜过长,以 5~10 年更为可取。

第五章 周期性公司估值、折现率测算与套利定价模型

根据第四章的研究结论,对于周期性公司估值的折现率测算,除了适当应用具有较大影响的 CAPM 以外,实际上还会涉及多种资产定价模型的优先选择与可行性分析问题。在周期性公司估值中,宏观经济因素无疑是重要变量,需要合理考虑其定量影响。于是,寻找更好的定价模型也成为一种趋势,而重要方向之一就是建立多因素定价模型。对此,APT 认为股票价格受到多种宏观经济因素的影响,其期望风险回报取决于它对各个因素的敏感程度(Cox and Ross,1976),这使 APT 在理论上更具优越性。只是实务中的影响因素选择和确定以及在不同市场中的适用性等问题,导致 APT 的应用难度与争议依然存在。鉴于此,本章拟在梳理现有 APT 应用研究的基础上,实证检验 APT 应用于周期性公司折现率测算的适用性,并归纳提出具体的应用建议,希冀为周期性公司估值的折现率测算提供理论依据和实务借鉴。

第一节 套利定价模型的影响因素与适用性研究

经过梳理,国内外学术界有关 APT 的应用研究主要分为两类,即 APT 的影响因素和 APT 的适用性。

一、套利定价模型的影响因素

对于 APT 的影响因素,国内外学者针对影响因素的选择与确定等进行了较多实证研究。罗尔和罗斯(Roll and Ross,1986)发现,证券期望收益率主要受商业周期、利率期限结构、违约风险、短期通胀率和通胀预期等 5 个宏观经济因素

的影响。布朗（Brown，1989）认为，长短期利率差异、预期和非预期通货膨胀率、工业生产指数、优等债券和劣等债券之间的差异等变量对证券收益率影响较为显著。法玛和法兰奇（Fama and French，1992）提出，上市公司的市值、账面市值比、市盈率可以解释不同股票的回报率差异，这里产生的超额收益可视为对CAPM中Beta系数未能反映的风险因素的补偿，此即Fama-French三因子模型；随后，法玛和法兰奇（Fama and French，2015）进一步研究提出资产定价的五因子模型，强调市场收益率、规模、盈利能力、价值和投资等5个因子能够解释股票平均收益。张宗新（2005）发现市场规模、行业差异性、政策、机构投资者规模和经济景气程度是系统性风险的主要影响因子。刘文秀（2006）指出，证券期望收益率主要受商业周期、利率期限结构、违约风险、短期通货膨胀率和通货膨胀预期等5个宏观经济变量的影响。田大伟（2006）证明，短期利率、通胀、商业周期和经济增长等4个因素对股票超额预期收益的解释力良好。孙君敏、王颖（2007）确定，能分别反映国家总体经济水平、通货膨胀率、全社会固定资产投资增长速度和利率期限结构等4个有明确经济意义的公共因子对证券收益率有显著影响。

二、套利定价模型的适用性

在APT的适用性问题上，国内外学者围绕美国、中国等不同证券市场开展了较广泛探索，且结论不一。其中，立足于中国证券市场，部分研究肯定APT的适用性，认为中国证券市场满足或接受APT；部分研究证明，APT在中国证券市场无效或受到限制。例如：张妍（2000）运用APT在中国上海证券市场进行检验，结果表明三因子APT在中国基本适用；尹康（2008）对上证B股的资本资产定价是否符合APT进行实证检验，发现9个因子方差累计贡献率达到85.71%，说明上证B股证券收益接受APT；李福贵（2010）通过实证研究上海股票市场上APT中风险因子的问题，发现少量的风险因子可以解释股市变动的大部分原因；王荣娟（2010）还针对4个行业股票收益率数据进行实证分析，证明APT适用于上海股票市场的钢铁、汽车、医药以及重工业等行业。另一方面，刘霖、秦宛顺（2004）以1997—2003年沪深股市6年的股票价格为依据，认为APT不适用于中国股市；张关心、阳玉香（2004）和曹红英、阳玉香（2005）分别以上海股票市场486家和深圳股票市场431家A股上市公司数据为样本，对APT在中国市场的有效性进行检验，均验证 APT 在中国股票市场上不适用；汪珍、李敏（2012）在深圳股市中随机选择 50 家上市公司样本数据，认为股票价格变动随机且不可预测，故 APT 在深圳股市无效。

综上可见，国内外学术界集中于 APT 的影响因素与适用性等方面进行了较深入、全面的探讨，为后续研究积累了宝贵素材。但部分实证研究的观点和结论存在分歧，这可能是研究对象、研究样本、研究周期等差异所致。例如，研究对象涉及美国、中国等不同证券市场股票，研究样本包括证券市场全部个股、随机选取的部分个股等等，研究周期亦是长短皆有、回归期限不同、收益率度量时限不一。对此，本章在对我国沪深 A 股市场中周期性行业进行实证分析时，将聚焦于不同样本行业、不同回归期限、不同收益率度量时限，分别对 APT 进行模拟应用并做比较分析，以进一步检验 APT 的适用性。

第二节　套利定价模型应用于周期性公司估值的实证分析

参考已有研究，为合理考量宏观经济因素对周期性公司估值折现率的影响，本节以 2006—2015 年为样本周期，以我国沪深 A 股市场中典型周期性行业为研究对象，检验在不同回归期限和收益率度量时限下 APT 应用于周期性公司折现率测算的适用性，在此基础上，进一步归纳提出 APT 在周期性公司折现率测算中的应用建议。

一、理论分析与研究设计

（一）模型构建

APT 通过创建多样化的因素组合，利用因素模型来描述资产价格的决定因素和均衡价格的形成机理。这里拟采用常见的考虑经济增长、通货膨胀和短期利率的三因素 APT[1] 构建多元线性回归模型，并分别采用国内生产总值变化率、消费者价格指数变化率和一年期银行利率衡量这三种宏观经济因素。该模型可表

---

[1] 史蒂芬·罗斯，伦道夫·韦斯特菲尔德，布拉德福·乔丹，等.公司理财 [M]. 9 版. 吴世农，沈艺峰，王志强，等，译.机械工业出版社，2012：247.

示为：

$$R_i = \alpha + \beta_{GDP}\Delta GDP + \beta_{CPI}\Delta CPI + \beta_I I + \varepsilon \quad (5-1)$$

式中：R_i 代表行业期望收益率；ΔGDP，ΔCPI 和 I 分别表示国内生产总值变化率、消费者价格指数变化率和一年期银行利率；β_{GDP}，β_{CPI}，β_I 分别代表各因素对行业期望收益率的影响程度；α 为常数项；ε 为零均值的随机误差项。

（二）样本选择

这里拟具体选择钢铁、有色、煤炭、石化、房地产和银行等 6 个典型的周期性行业作为样本。由于周期性行业一般按收入增速形成"衰退—谷底—扩张—顶峰"的周期性特征，约 10 年经历一个周期，并参照第四章相关研究，选取 5 年和 10 年长度测算区间作为样本回归期限；同时，考虑到式（4-4）中的自变量统计特征，选用"月"、"季"和"年"作为回归样本的收益率度量时限。样本数据时间跨度从 2006 年 1 月 1—2015 年 12 月 31 日，共计 1 080 个月度样本、360 个季度样本和 90 个年度样本。

（三）研究方法

借鉴并区别于已有研究，通过构建多元线性回归模型，分别考察不同回归期限（"5 年"和"10 年"）和收益率度量时限（"月"、"季"和"年"）下 APT 应用于周期性公司折现率测算的适用性，比较异同和优劣。其中，模拟以 2015 年 12 月 31 日为评估基准日，选择 2011—2015 年的 60 组月度数据，以及 2006—2015 年的 120 组月度数据、40 组季度数据和 10 组年度数据，依次测算不同回归期限和收益率度量时限变化过程中样本行业 APT 各 Beta 系数 β_{GDP}，β_{CPI}，β_I 的可观测值，并结合显著性水平检验，分析不同回归期限和收益率度量时限下 APT 的应用效果。

（四）变量构建与数据来源

1. 行业收益率

这里选择 6 个样本行业板块股价指数衡量行业收益率，实证数据包括 2006 年 1 月 1 日—2015 年 12 月 31 日期间板块的月收盘指数、季收盘指数和年收盘指数，数据来自 Wind 数据库。

根据行业板块月收盘指数、季收盘指数和年收盘指数，可以计算得到各行业板

块的月收益率 $R_{i,mn}$、季收益率 $R_{i,qn}$ 和年收益率 $R_{i,yn}$ 的时间序列数据。其中，n 代表钢铁、有色、煤炭、石化、房地产和银行等不同样本行业，$R_{i,mn}$ 在 5 年回归期限（即 60 个月）和 10 年回归期限（即 120 个月）下分别表示为 R_{i,m_1n} 和 R_{i,m_2n}。

2. 国内生产总值变化率

国内生产总值的季度变化率 ΔGDP_q 和年度变化率 ΔGDP_y 可直接通过国家统计局发布的国内生产总值季度数据和年度数据得到。由于国家统计局不直接发布国内生产总值月度数据，这里利用 Eviews8.0 软件的频率转换功能，先将国家统计局发布的国内生产总值季度数据转换为月度数据，再据此进一步计算国内生产总值月度变化率，即 ΔGDP_m。ΔGDP_m 在 5 年回归期限和 10 年回归期限下分别表示为 ΔGDP_{m_1} 和 ΔGDP_{m_2}。鉴于同比数据较环比数据更能反映出宏观指标的增长变化，ΔGDP 均采用同比增长率。

3. 消费者价格指数变化率

消费者价格指数数据来自国家统计局，据此计算消费者价格指数的月度变化率 ΔCPI_m、季度变化率 ΔCPI_q 和年度变化率 ΔCPI_y。ΔCPI_m 在 5 年回归期限和 10 年回归期限下分别表示为 ΔCPI_{m_1} 和 ΔCPI_{m_2}。ΔCPI 同样采用同比增长率。

4. 一年期银行利率

一年期银行利率数据来自中国人民银行，具体取一年期贷款基准利率，其在四种回归期限和收益率度量时限组合下分别表示为 I_{m_1}，I_{m_2}，I_q，I_y。

二、关于套利定价模型应用效果的实证检验

（一）描述性统计分析

利用 SPSS 23.0 软件，对 6 个样本行业收益率和宏观经济因素的时间序列数据进行描述性统计分析，分析结果详见表 5-1。

表 5-1 变量描述性统计

变量	观测数	最小值(%)	最大值(%)	均值(%)	标准差(%)	偏度	峰度
$R_{i,m_1钢铁}$	60	-50.20	108.68	2.25	37.41	1.283	1.247
$R_{i,m_1有色}$	60	-53.80	89.78	-0.14	33.44	0.701	-0.082
$R_{i,m_1煤炭}$	60	-68.65	76.55	-7.31	34.68	0.587	-0.041
$R_{i,m_1石化}$	60	-27.31	64.54	4.17	20.42	1.064	1.851

续表

变量	观测数	最小值(%)	最大值(%)	均值(%)	标准差(%)	偏度	峰度
$R_{i,m_1 房地产}$	60	-23.43	104.62	14.61	32.86	1.168	0.654
$R_{i,m_1 银行}$	60	-23.78	66.94	10.31	23.63	0.823	-0.212
ΔGDP_{m_1}	60	-21.09	39.63	11.54	8.10	-0.855	6.291
ΔCPI_{m_1}	60	0.80	6.50	2.83	1.50	1.106	0.161
I_{m_1}	60	4.35	6.56	5.89	0.59	-1.299	1.287
$R_{i,m_2 钢铁}$	120	-129.69	160.21	8.85	56.35	0.435	0.408
$R_{i,m_2 有色}$	120	-184.44	175.76	17.75	65.13	-0.195	0.672
$R_{i,m_2 煤炭}$	120	-126.82	175.65	8.83	57.14	0.532	0.505
$R_{i,m_2 石化}$	120	-128.61	121.93	11.41	42.40	-0.187	1.133
$R_{i,m_2 房地产}$	120	-136.38	156.23	21.03	56.60	0.053	0.392
$R_{i,m_2 银行}$	120	-124.33	141.76	16.97	47.69	0.027	0.880
ΔGDP_{m_2}	120	-21.09	39.63	14.09	7.84	0.600	4.001
ΔCPI_{m_2}	120	-1.80	8.70	2.89	2.24	0.429	0.162
I_{m_2}	120	4.35	7.47	6.02	0.70	0.227	0.318
$R_{i,q 钢铁}$	40	-121.67	160.21	8.97	56.63	0.471	0.707
$R_{i,q 有色}$	40	-145.66	175.76	17.64	65.53	-0.153	0.889
$R_{i,q 煤炭}$	40	-111.15	175.65	9.02	57.82	0.652	1.019
$R_{i,q 石化}$	40	-104.26	106.46	11.27	41.73	-0.160	1.098
$R_{i,q 房地产}$	40	-109.61	144.77	21.45	55.85	-0.073	0.236
$R_{i,q 银行}$	40	-106.03	124.32	17.17	47.47	0.000	0.666
ΔGDP_q	40	5.95	24.02	13.96	5.75	0.159	-1.421
ΔCPI_q	40	-1.53	18.50	4.27	4.88	2.035	3.670
I_q	40	4.35	7.47	5.97	0.75	0.270	0.067
$R_{i,y 钢铁}$	10	-121.67	105.84	8.18	66.44	-0.423	0.258
$R_{i,y 有色}$	10	-145.66	136.22	17.75	82.75	-0.541	0.432
$R_{i,y 煤炭}$	10	-111.15	136.65	9.10	71.39	0.316	0.362
$R_{i,y 石化}$	10	-104.26	81.09	9.91	53.21	-0.822	1.469
$R_{i,y 房地产}$	10	-104.78	97.19	22.55	63.31	-0.787	0.157

续表

变量	观测数	最小值(%)	最大值(%)	均值(%)	标准差(%)	偏度	峰度
$R_{i,y银行}$	10	-106.03	99.30	16.64	60.06	-0.683	0.657
ΔGDP_y	10	6.90	14.20	9.54	2.40	0.926	0.086
ΔCPI_y	10	-0.70	5.90	2.88	2.03	-0.029	-0.368
I_y	10	4.35	7.47	5.85	0.83	0.215	1.456

数据来源：笔者总结。

由表5-1可知：①在样本周期内，每个月度变量分别获得60和120个观测值，每个季度变量各获得40个观测值，每个年度变量各获得10个观测值；②各类收益率变量的观测值均有正有负，标准差远大于均值，说明数据离散程度很高，样本行业收益波动较为剧烈，市场较不稳定。而对于同为月度变量的 R_{i,m_1n} 和 R_{i,m_2n}，前者数据的离散程度低于后者，说明2006—2015年的样本行业月收益率数据较之2011—2015年的波动更加剧烈；③各类宏观经济因素的观测值均为正，标准差基本小于均值，说明数据离散程度较低，波动较为稳定。

（二）多元线性回归分析

根据前面模型构建的理论分析，为进一步研究分析各样本行业收益率在不同回归期限下的时间序列数据与上述3个宏观经济因素间的线性关系，借助SPSS 23.0软件，针对6个样本行业，分别对各解释变量和被解释变量的60组月度数据、120组月度数据、40组季度数据和10组年度数据进行多元线性回归分析，最终得到APT各Beta系数 β_{GDP}，β_{CPI}，β_I 的可观测值及其显著性水平检验结果。其中，以具有代表性的房地产业60组月度数据的回归结果为例，构建多元回归模型如下：

$$R_{i,m_1房地产} = 2.553 + 1.656\Delta GDP - 4.279\Delta CPI - 42.037I \quad (5-2)$$

$$Sig = (0.000) \quad (0.000) \quad (0.044) \quad (0.000)$$

$$T = (9.174) \quad (5.154) \quad (-2.065) \quad (-7.958)$$

$$R^2 = 0.695 \quad \overline{R^2} = 0.679 \quad F = 42.601$$

以上可见，回归方程［式（5-2）］整体效果较好。在1%的显著性水平下，β_{GDP} 和 β_I 均通过检验，在5%的显著性水平下，β_{CPI} 也通过检验。

其他样本行业回归分析结果按不同回归期限和不同样本行业列表汇总如

表 5-2 所示。

表 5-2 多元线性回归分析结果

被解释变量	$\overline{R^2}$	β_{GDP}	Sig_{GDP}	β_{CPI}	Sig_{CPI}	β_I	Sig_I	常数
$R_{i,m_1 钢铁}$	0.598	2.704	0.000***	-1.152	0.664	-46.068	0.000***	2.457
$R_{i,m_1 有色}$	0.435	1.943	0.000***	4.085	0.150	-41.673	0.000***	2.114
$R_{i,m_1 煤炭}$	0.479	2.269	0.000***	7.871	0.007***	-43.514	0.000***	2.006
$R_{i,m_1 石化}$	0.434	1.123	0.000***	-0.479	0.78	-22.914	0.000***	1.276
$R_{i,m_1 房地产}$	0.679	1.656	0.000***	-4.279	0.044**	-42.037	0.000***	2.553
$R_{i,m_1 银行}$	0.615	1.362	0.000***	-4.971	0.004***	-24.340	0.000***	1.520
$R_{i,m_2 钢铁}$	0.198	3.499	0.000***	4.699	0.171	-23.200	0.037**	0.857
$R_{i,m_2 有色}$	0.141	3.717	0.000***	2.492	0.543	-22.765	0.086*	0.953
$R_{i,m_2 煤炭}$	0.238	3.235	0.000***	7.611	0.026**	-18.957	0.083*	0.554
$R_{i,m_2 石化}$	0.128	2.331	0.000***	1.207	0.653	-12.550	0.148	0.507
$R_{i,m_2 房地产}$	0.090	2.777	0.000***	-0.336	0.927	-18.998	0.108	0.953
$R_{i,m_2 银行}$	0.126	2.691	0.000***	-0.488	0.872	-10.555	0.279	0.440
$R_{i,q 钢铁}$	0.109	1.196	0.589	6.851	0.042**	-32.002	0.110	1.542
$R_{i,q 有色}$	0.131	4.176	0.104	5.491	0.148	-43.788	0.058*	1.974
$R_{i,q 煤炭}$	0.306	2.607	0.195	8.636	0.006***	-39.601	0.031**	1.723
$R_{i,q 石化}$	0.057	2.25	0.184	2.565	0.305	-19.863	0.189	0.876
$R_{i,q 房地产}$	0.019	0.414	0.856	5.609	0.104	-32.090	0.122	1.834
$R_{i,q 银行}$	-0.013	1.26	0.524	2.834	0.336	-17.183	0.332	0.901
$R_{i,y 钢铁}$	0.706	6.108	0.417	-29.289	0.005***	52.479	0.054*	-2.729
$R_{i,y 有色}$	0.751	14.177	0.128	-36.653	0.003***	45.410	0.122	-2.777
$R_{i,y 煤炭}$	0.577	11.179	0.262	-27.321	0.020**	43.792	0.174	-2.752
$R_{i,y 石化}$	0.830	6.165	0.199	-24.743	0.001***	40.391	0.024**	-2.140
$R_{i,y 房地产}$	0.604	5.332	0.517	-28.720	0.008***	38.974	0.161	-1.737
$R_{i,y 银行}$	0.747	3.637	0.559	-28.568	0.002***	47.561	0.042**	-2.142

注:"***"代表 Beta 通过 1% 的显著性水平检验,"**"代表 Beta 通过 5% 的显著性水平检验,"*"代表 Beta 通过 10% 的显著性水平检验。

数据来源:笔者总结。

根据表 5-2 可见：①总体看来，煤炭、房地产、银行等三个样本行业 R_{i,m_1n} 的回归分析结果较好，β_{GDP}，β_{CPI}，β_I 的估计结果全部通过 5% 的显著性水平检验，说明此时 APT 的应用效果较之其他样本行业或选样标准更好；②不同回归期限和相同收益率度量时限下，如①所述，R_{i,m_1n} 的回归分析结果好于 R_{i,m_2n}，说明 5 年回归期限下的样本行业 APT 应用效果好于 10 年回归期限，可能是 R_{i,m_2n} 的数据离散程度普遍高于 R_{i,m_1n} 所致；③相同回归年限和不同收益率度量时限下，R_{i,m_2n}，$R_{i,qn}$，$R_{i,yn}$ 的 β_{GDP}，β_{CPI}，β_I 估计结果均相互独立，其通过显著性水平检验的总体比例依次为 55.56%，22.22% 和 50.00%，说明月收益率度量时限下的样本行业 APT 应用效果最好，年收益率度量时限次之，季收益率度量时限的适用度最低；④对于 ΔGDP，ΔCPI，I 等解释变量，β_{GDP}，β_{CPI}，β_I 的估计结果分别通过显著性水平检验的占比依次为 50.00%，50.00%，58.33%，说明 I 作为解释变量对样本行业折现率的影响最为显著，ΔGDP 和 ΔCPI 的影响其次且程度相当。

三、实证分析结论及建议

（一）实证分析结论

为将宏观经济因素这一重要变量纳入周期性公司收益途径估值框架，合理考虑其定量影响，本节以 2006—2015 年为样本周期，以我国沪深 A 股市场中钢铁、有色、煤炭、石化、房地产和银行等 6 个典型的周期性行业为研究对象，选择经济增长、通货膨胀和短期利率作为 APT 的影响因素，检验在不同回归期限和收益率度量时限下 APT 应用于周期性公司折现率测算的适用性。结果表明，APT 对我国沪深 A 股市场中周期性行业的应用效果，因不同样本行业而异，因样本的不同回归期限和收益率度量时限而异；在具体样本选取方面，煤炭、房地产、银行等 3 个样本行业的 APT 应用效果好于钢铁、有色、石化等 3 个样本行业，5 年回归期限下的 APT 应用效果好于 10 年回归期限，月收益率度量时限下的 APT 应用效果好于年收益率和季收益率度量时限；在宏观经济因素对周期性公司折现率的影响方面，短期利率影响最为显著，其次是经济增长和通货膨胀，经济增长的影响程度与通货膨胀相当。

（二）APT 应用建议

综上所述，"APT 对我国沪深 A 股市场中周期性行业是否有效"不可一概而论，其适用性很大程度上受到具体行业及回归样本的时间要素设定标准的影响。在具体估值实践中，评估人员可以尝试多种周期性行业或公司样本选择、宏观经济因素选择、多元回归模型构建的方式，力求构建适用性最佳的 APT 折现率测算模型，以合理考量宏观经济因素对周期性公司估值折现率的影响。

第六章 周期性公司估值、收益额测算与退出倍数法

在选择收益途径对周期性公司进行估值时，其投资回收期较长、产品价格变动幅度较大等特征，使得利用两阶段永续模型评估第二阶段收益额时容易出现较大偏差。对此，在周期性公司第二阶段的收益额预测情形不够明朗的情况下，可以考虑采用退出倍数法对常规的收益法模型进行改进，以提高周期性公司估值的合理性和可靠性。事实上，退出倍数法虽然已被逐渐运用于部分公司估值实务中，但其现有的理论体系与文献研究却较为薄弱，尚不足以支撑对退出倍数法进行合理使用的操作指导性需求，这在一定程度上导致当前评估实践中对退出倍数法的应用不尽规范，从而限制其作用的有效发挥。鉴于此，本章拟系统构建退出倍数法的理论框架，并结合周期性公司估值实例对退出倍数法进行模拟应用和提出具体建议。

第一节 退出倍数法的理论框架构建

立足于公司估值领域，郜志宇（2011）在对矿业企业价值评估收益法的创新思路中，提出可以合理运用退出倍数法，并对退出倍数法的大致思路与应用步骤进行简要描述；在此基础上，国务院国有资产监督管理委员会产权管理局投资价值评估课题组（2016）对退出倍数法的适用范围进行适当补充，并提出退出倍数法的具体计算模型。此为当前关于退出倍数法的为数不多的文献依据。而有关退出倍数法的较为系统、全面和深入的理论剖析与模拟应用在现有研究中尚未涉及。本节拟在现有研究的基础上，从应用背景、基本思路、模型推导、应用步骤、适用范围和注意事项等方面系统构建退出倍数法的理论框架。

一、退出倍数法的应用背景

两阶段永续模型已被广泛应用于当前的公司估值实务。通常情况下，在预期收益额较为明朗的第一阶段以后，目标公司达到或近似达到稳定状态，其在第二阶段的收益额可能是永续年金形式，也可能是永续增长形式。此时，两阶段永续模型可以进一步分为两阶段永续年金模型和两阶段永续增长模型，分别用公式表示为：

$$P = \sum_{t=1}^{n} \frac{R_t}{(1+r)^t} + \frac{A}{r(1+r)^n} \quad (6-1)$$

$$P = \sum_{t=1}^{n} \frac{R_t}{(1+r)^t} + \frac{R_n \times (1+g_n)}{(r-g_n)(1+r)^n} \quad (6-2)$$

式中：P 为目标公司评估值；R_t 为未来第 t 个预测年期的收益额；A 为第 n 年以后的稳定收益额；R_n 为第 n 年目标公司收益额；g_n 为 n 年后的稳定增长率；r 为折现率；t 为收益预测年期；n 为收益预测期限。

但是，如果目标公司在第二阶段并未达到或近似达到稳定状态，其在第二阶段的预期收益额剧烈波动或者缺乏显著特征时，如果仍采用两阶段永续年金模型或两阶段永续增长模型，可能无法合理体现目标公司在第二阶段的收益水平。此时，可以尝试将市场法的估值思路纳入收益法估值体系以解决这一难题。这也就是说：在收益额较为明朗的第一阶段预测期，仍采用将各年收益额折算为现值进行加和的收益法进行估值；在收益额预测不明朗的第二阶段，则采取谨慎性原则，以目标公司退出变现为假设，采用市场法模拟估算目标公司在退出时点的可变现价值，使股东利益得到安全保障，进而计算得到目标公司价值。

二、退出倍数法的基本思路

退出倍数法正是基于以上应用背景被提出和采用的。不难看出，退出倍数法本质上是收益法思路和市场法思路的综合采用：在第一阶段的收益预测期，采用传统收益法预测目标公司的收益现值合计值；在收益预测期后，不再延续永续年金模型或永续增长模型第二阶段的计算方法，而是假定目标公司在明确预测期的最后一年年末，以在市场上进行出售的方式收回投资。在具体的估值技术上，采用市场法对可比公司或可比交易案例进行分析，测算目标公司在退出时点的退出倍数，再乘以与该倍数的价值关联指标的预测值，将计算结果与第一阶段的收益现值合计值相加，进而得到目标公司价值。

这里所谓的"退出"，是指假设公司将在市场上进行出售，以此种方式收回投资；"退出"不同于公司清算，仅是公司产权发生转让，例如公司将由买受方继续经营。所谓"退出倍数"，是指在假定退出时点，应用市场法估值时公司价值关联指标的估值倍数，即价值比率；通常是通过修正可比公司或可比交易案例的价值比率得到目标公司的退出倍数。

三、退出倍数法的模型推导

应用收益法评估资产价值时，如果在已知未来若干年后资产价格（P_n）的条件下，有以下计算公式：

$$P = \sum_{t=1}^{n} \frac{R_t}{(1+r)^t} + \frac{P_n}{(1+r)^n} \quad (6-3)$$

如果将式（6-3）用于公司估值，则 P_n 即终值，表示目标公司在第 n 年年末退出的可变现价值。

应用市场法评估公司价值时，可以通过可比公司的价值比率，分析调整得到目标公司价值比率，然后以此价值比率乘以目标公司的价值关联指标，从而计算得到目标公司价值。用公式可以表示为：

$$P = I \times \frac{P_0}{I_0} - I \times X_0 \quad (6-4)$$

式中：I 为目标公司价值关联指标的预测值；P_0 为可比公司价值关联指标的对应数值；I_0 为可比公司价值；X_0 为可比公司价值比率。

根据退出倍数法的基本思路，将第一阶段的收益法与第二阶段市场法模型相结合，在式（6-3）和式（6-4）的基础上，假定目标公司在第 n 年年末退出变现，得到退出倍数法基本模型如下：

$$P = \sum_{t=1}^{n} \frac{R_t}{(1+r)^t} + \frac{I_n \times X}{(1+r)^n} \quad (6-5)$$

式中：P 为目标公司评估值；R_t 为未来第 t 个预测年期的收益额；r 为折现率；t 为收益预测年期；n 为收益预测期限；I_n 为退出时点目标公司价值关联指标的预测值；X 为退出倍数。

四、退出倍数法的应用步骤

退出倍数法应用于公司估值的具体操作步骤如下:

(一) 确定目标公司的假定退出时点 (n)

退出时点的确定主要取决于对目标公司未来收益的判断。如果在某一时点以后,未来收益的不确定性极大程度地影响了对收益预测因素的定性和定量分析,即可将这一时点作为目标公司的假定退出时点。在评估实践中,应当首先分析企业的经营状况及财务状况,在此基础上,综合参考企业的生命周期、近期投资计划、经营风险水平以及在经济周期中的所处阶段等其他因素,确认其预测期和退出时点。

(二) 测算目标公司在收益预测期的收益现值合计值

一方面,通过分析目标公司的历史财务数据和预测其在未来若干年可能的盈利情况,测算各年预期收益额;另一方面,在估算目标公司折现率的基础上,将各年预期收益额折算为现值。根据投资口径的不同,目标公司的预期收益额可以选择FCFF、FCFE、息税前利润 (Earnings Before Interest and Tax, EBIT)、息税摊销折旧前利润 (Earnings Before Interest, Taxes, Depreciation and Amortization, EBITDA)、净利润等不同的净现金流或利润指标;目标公司的折现率可以选择WACC或权益资本成本等。这一步的具体分析和测算方法与传统收益法无异。

(三) 选择目标公司价值关联指标和作为退出倍数的价值比率

首先,根据投资口径的不同,市场法评估公司价值时采用的价值比率可以进一步划分为全投资口径价值比率和股权投资口径价值比率。全投资口径是指对公司整体价值进行评估,股权投资口径是指对公司股权价值进行评估。公司股权价值需要从公司整体价值中扣除债务价值。在选择目标公司的价值关联指标和价值比率时,也需要与目标公司价值口径保持一致。

其次,价值比率的分子通常反映价值,可以是公司价值、股价等,分母即主要的公司价值关联指标。对于价值关联指标,一般通过分析目标公司的具体类型及财务状况加以选择,可以选择EBIT、EBITDA、FCFF、FCFE、每股收益、销售收入等收入盈利类指标,也可以选择净资产价值、总资产价值、固定资产价值、每股净资产等资产类指标,还可以选择矿山可开采储量、装卸量、仓储量等非财务类指标。在这三类价值关联指标中,收入盈利类指标和资产类指标更为常用,非财务类指标适用于特殊行业的公司估值。一般情况下,目标公司退出倍数的选择需要与价值关联指标相互对应。

据此,退出倍数法中常见的退出倍数类型既包括公司价值/息税前利润(EV/EBIT)、公司价值/息税摊销折旧前利润(EV/EBITDA)、公司价值/无杠杆公司自由现金流(EV/FCFF)、公司价值/销售收入、公司价值/总资产价值、公司价值/固定资产价值、公司价值/非财务类指标等全投资口径价值比率,也包括市盈率(P/E)、市销率(P/S)、市净率(P/B)、股权价值/净利润、股权价值/无杠杆股权自由现金流(EV/FCFE)、股权价值/非财务类指标等股权投资口径价值比率。其中的公司价值和股权价值一般以公司市值为基础计算得到。

(四)计算退出时点目标公司价值关联指标的预测值(I_n)

对于盈利类指标和资产类指标在退出时点的预测值,可以在目标公司收益额预测值的基础上进行计算;对于非财务类指标在退出时点的预测值,则需要通过查阅目标公司公开披露的各类报告及其相关部门的内部研究报告,以及市场调研、实地调查和访谈目标公司管理层等方法获得。

(五)测算基于价值关联指标的目标公司退出倍数(X)

目标公司退出倍数主要有两种测算途径:一种是采用上市公司比较法,通过修正可比公司的价值比率计算得到目标公司的退出倍数;另一种是采用交易案例比较法,通过修正可比交易案例的价值比率计算得到目标公司的退出倍数。在采用上市公司比较法时,选择的可比公司应与目标公司经营业务相似且从事该业务已有一段时间、生产规模相当、未来成长性相当;在采用交易案例比较法时,选择的交易案例应与目标公司经营业务相同或相似、成交日期与评估基准日相近、控制权状态相似,以此尽可能合理地测算得到目标公司的退出倍数。可比公司或可比交易案例的数量以至少3家(或个)为宜。可比对象价值比率的计算时点可以是评估时点,也可以是与退出时点市场特征更加一致的其他时点,但以前者居多。这一步的具体分析和测算方法与传统市场法无异。

(六) 计算目标公司评估值 (P)

将目标公司收益预测期的收益现值合计值以及目标公司价值关联指标的预测值 (I_n)、目标公司退出倍数 (X) 等代入式 (6-5),可以计算得到目标公司价值 (P)。但如果目标公司存在非经营性资产或溢余资产,则需要将此评估值再加上评估基准日的非经营性资产评估值和溢余资产评估值,以此作为目标公司价值的最终评估结论。

五、退出倍数法的适用范围

综上可见,只要是第一阶段预期收益额较为明朗,而第二阶段预期收益额剧烈波动或者缺乏显著特征的公司估值,均可采用退出倍数法。退出倍数法综合采用收益法和市场法的估值思路,一方面避免了应用收益法时因公司长期收益难以预测所形成的估值困扰,另一方面也有效利用了较为可靠的短期收益预期对整体估值合理度的提升作用,降低了在评估时点直接采用市场法时因可比对象选择不当而可能产生估值偏差的概率。所以,退出倍数法特别适用于未来收益与宏观经济波动相关性较强的周期性行业及其公司估值;部分增长性行业因成长性强、未来收益不确定性大,并且在实践中真实存在私募股权基金等择时退出的情形,因而亦可选用退出倍数法进行公司估值。

六、使用退出倍数法的注意事项

(一) 关于假定退出时点的确定

在确定目标公司的退出时点时,如果是收益波动性较强的行业,收益预测期应当尽可能涵盖当前时点所处的完整收益周期,尽量避免将退出时点选择在收益周期的波峰或波谷,这样可以减少收益剧烈波动对退出时点市场法估值造成的影响,避免对目标公司退出变现价值过分高估或低估。

(二) 关于退出倍数的选取与测算以及可比对象的选择

在应用市场法估算目标公司退出变现价值时,其主要依赖可比公司或可比交易案例的价值比率分析测算目标公司的价值比率。所以,市场的有效性、退出倍数的合理选择以及可比对象相关数据的可获得性和可靠性显得至关重要。退出倍数的口径应与目标公司价值口径及其所处行业特征相一致，对于可比公司或可比交易案例的选取应满足应用步骤第五步中可比对象的选择标准，据此通过客观、合理的比较、分析和修正，测算得到目标公司的退出倍数。

（三）关于价值类型的一致性

由于退出倍数法应用收益法和市场法的思路分别计算目标公司在不同阶段的收益现值合计值与退出变现价值，而公司估值中的价值类型涉及市场价值、投资价值等不同类型，所以，应确认采用两种评估思路分别估算不同阶段公司价值时的价值类型一致，对于其中涉及的具体估值参数，也应完全依照相同的评估目的和价值类型进行选取与测算。

（四）关于评估报告中的评估方法和评估假设

退出倍数法中的"退出"只是一种退出变现的假设行为，所以在应用退出倍数法进行公司估值时，应在评估报告的评估方法和评估假设部分，清晰地说明退出倍数法的基本思路与计算模型，合理设定关于退出、退出时点、退出变现价值的具体假设说明，以避免报告使用者对评估报告的误解或误用。

第二节 退出倍数法应用于周期性公司估值的案例分析

本节结合周期性公司估值实例，具体选择某周期性上市公司（以下简称"SJ公司"）作为研究样本，对退出倍数法进行模拟应用。

一、退出倍数法在周期性公司估值中的案例应用

SJ公司主营钢铁冶炼、金属轧制设备配件、耐火材料制品、金属结构及其构件制造、废钢收购与加工等业务。现拟评估SJ公司整体价值，评估基准日为2015年12月31日。假设SJ公司不存在非经营性资产或溢余资产，下面根据退出倍数法的应用步骤，分六步对SJ公司整体市场价值进行评估。

(一) 确定 SJ 公司的假定退出时点

经分析,SJ 公司属于钢铁行业,公司收益额波动较为剧烈。尤其是根据 SJ 公司发展现状与趋势,SJ 公司在 2016—2020 年的收益额预期相对明朗,但 2020 年以后不确定性大幅增加,导致收益额难以判断,所以 2020 年年末是可供考虑的假定退出时点。

再结合宏观经济形势和钢铁行业走势进行分析:首先,参照刘树成(2010)对新中国成立 60 年的经济增长率波动曲线的分析,新中国成立后我国经济从 1953 年大规模工业化建设开始,共经历了 10 个完整的经济周期。其中,1991—1999 年为第 9 个周期;2000—2009 年为第 10 个周期;2010 年,我国经济进入第 11 轮经济周期。1995—2015 年我国国内生产总值(GDP)及其增长率走势详见图 6-1;其次,钢铁产品年产量通常随市场总需求量的变化而变动,所以每年粗钢产量及其增长率等钢铁产量指标的变动趋势一定程度上表现出钢铁行业的周期性规律。对此,根据图 6-2,我国 2001—2015 年粗钢产量及其增长率变化趋势呈周期性,与 2001—2015 年国内生产总值及其增长率走势相似,平均 9 年左右为一个周期,2008 年和 2015 年分别形成两个波谷。因此,我们推断 SJ 公司在 2020 年应该处于其收益增长周期的中段,较大程度上避开了波峰或波谷,可以选择 2020 年年末作为 SJ 公司的假定退出时点。

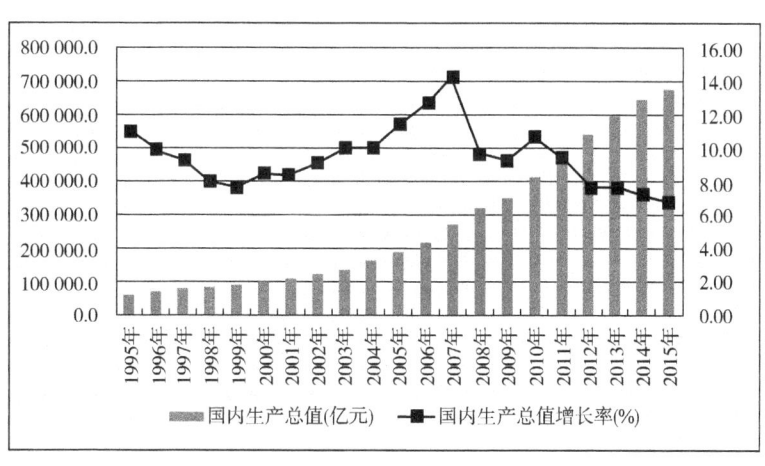

图 6-1 1995—2015 年我国国内生产总值及其增长率走势图

数据来源:中国统计局网站。

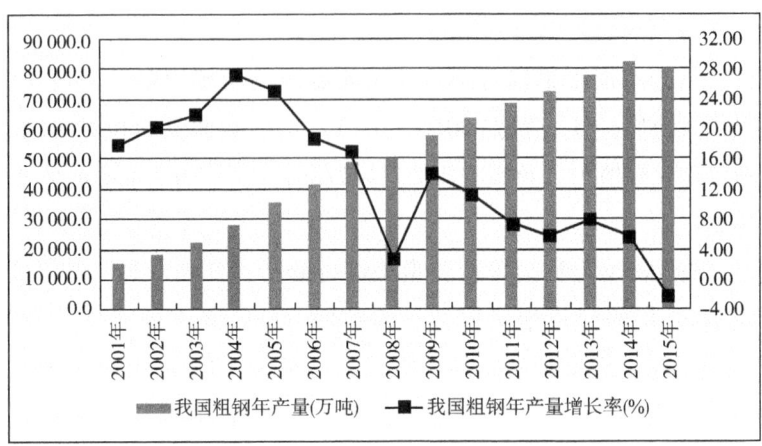

图 6-2 2001—2015 年我国粗钢产量及其增长率走势图
数据来源：《中国统计年鉴（2015）》。

(二) 测算收益预测期 SJ 公司 FCFE 及其现值合计值

根据 SJ 公司经营状况及其 2011—2015 年财务年报数据，预测第一阶段（2016—2020 年）SJ 公司各年 FCFE，并通过折现率将各年 FCFE 折算为现值，计算得到收益预测期的收益现值合计为 234 959.47 万元，具体测算明细如表 6-1 所示。表 6-1 中使用的折现率是采用 WACC 模型计算得到的，取值为 12%。

表 6-1　2016—2020 年 SJ 公司 FCFE 及其现值测算表　　　　万元

项目	2016 年	2017 年	2018 年	2019 年	2020 年
一、营业收入	678 877.79	746 765.57	776 636.19	815 468.00	897 014.80
二、营业成本	605 408.74	637 644.68	633 382.07	637 581.36	692 511.45
减：营业税金及附加	4 978.97	6 501.25	7 996.88	9 720.70	11 048.77
减：销售费用	4 539.76	5 777.88	6 370.11	6 786.70	8 177.61
减：管理费用	25 206.71	37 804.95	42 007.73	46 723.70	50 723.39
减：财务费用	2 300.05	3 240.96	4 690.77	6 700.83	9 120.30
减：资产减值损失	0.00	0.00	0.00	0.00	0.00
加：公允价值变动损益	0.00	0.00	0.00	0.00	0.00
加：投资收益	0.00	0.00	0.00	0.00	0.00

续表

项目	2016 年	2017 年	2018 年	2019 年	2020 年
三、营业利润	36 443.55	55 795.85	82 188.63	107 954.71	125 433.28
四、利润总额	36 443.55	55 795.85	82 188.63	107 954.71	125 433.28
五、净利润	27 332.66	41 846.89	61 641.47	80 966.03	94 074.96
加：折旧摊销	14 590.49	16 390.49	18 190.49	19 703.90	20 689.10
减：资本性支出	1 000.00	1 000.00	1 000.00	1 000.00	1 000.00
减：营运资本增加额	6 522.81	10 985.24	10 036.94	11 095.89	6 889.41
六、股权自由现金流	34 400.35	46 252.14	68 795.02	88 574.04	106 874.64
加：新增贷款	0.00	0.00	0.00	0.00	0.00
加：税后财务费用	150.76	236.21	422.79	603.75	821.07
减：贷款偿还	0.00	0.00	0.00	0.00	0.00
七、企业自由现金流	34 551.10	46 488.35	69 217.81	89 177.79	107 695.72
折现率	12.00%	12.00%	12.00%	12.00%	12.00%
折现系数	0.89	0.80	0.71	0.64	0.57
八、收益现值	30 850.68	37 060.52	49 269.23	56 672.49	61 106.55
收益现值合计（经营性资产价值）					234 959.47

数据来源：笔者总结。

（三）选择 SJ 公司价值关联指标和作为退出倍数的价值比率

考虑到被评估的 SJ 公司的全投资价值口径，应当选择全投资口径的价值比率，并且代表公司价值的分子应与代表价值关联指标的分母的含义相互对应。EBITDA 相较于其他收益类指标不受利息及税收的影响，在剔除折旧与摊销后，可以使信息使用者更清晰地观察企业的经营情况；并且，在选取可比公司或可比交易案例时，拥有不同资本结构、税率和折旧摊销政策的可比对象可以在 EBITDA 的统一口径下对比分析盈利能力，使其免受这些干扰因素的影响。所以，这里选取 EBITDA 作为其价值关联指标，选取 EV/EBITDA 作为退出倍数。

（四）计算退出时点 SJ 公司 EBITDA 预测值

上一步选择 EBITDA 作为 SJ 公司价值关联指标，EBITDA 的计算公式为：

$$EBITDA = 净利润 + 所得税 + 偿付利息所支付的现金 + 折旧 + 摊销 \qquad (6-6)$$

根据表 6-1 中 2011—2015 年 SJ 公司财务预测数据，测算 2011—2015 年 SJ 公司 EBITDA 预测值及其现值，如表 6-2 所示。根据表 6-2，SJ 公司在退出时点的 EBITDA 预测值为 146 943.45 万元，EBITDA 现值为 83 375.71 万元。

表 6-2　2011—2015 年 SJ 公司 EBITDA 预测值及其现值测算表　　　万元

项目	2016 年	2017 年	2018 年	2019 年	2020 年
净利润	27 332.66	41 846.89	61 641.47	80 966.03	94 074.96
所得税	9 110.89	13 948.96	20 547.16	26 988.68	31 358.32
加：折旧和摊销	14 590.49	16 390.49	18 190.49	19 703.90	20 689.10
加：税后财务费用	150.76	236.21	422.79	603.75	821.07
EBITDA 终值	51 184.79	72 422.55	100 801.91	128 262.36	146 943.45
折现率	12.00%	12.00%	12.00%	12.00%	12.00%
折现系数	0.892 9	0.797 2	0.711 8	0.635 5	0.567 4
EBITDA 现值	45 702.90	57 735.26	71 750.80	81 510.73	83 375.71

数据来源：笔者总结。

（五）测算基于 EBITDA 的 SJ 公司退出倍数

拟采用上市公司比较法，通过修正可比公司评估时点的 EV/EBITDA 计算得到 SJ 公司的退出倍数。按照可比公司的选择标准，我们在钢铁行业上市公司中选择 4 家与 SJ 公司经营业务相似、生产规模相当、未来成长性相当、已有一定存续时间的可比公司；通过分别计算这 4 家可比公司在评估基准日 2015 年 12 月 31 日的股权价值、公司价值及 EBITDA，得到各可比公司的 EV/EBITDA。通常选取各可比公司价值比率的平均值或中位数作为目标公司价值比率的参考数，这里将 4 家可比公司 EV/EBITDA 的平均值作为 SJ 公司退出倍数，即 7.29，如表 6-3 所示。其中，股权价值、公司价值的计算公式分别为：

$$股权价值 = 评估基准日股价 \times 发行在外股票数量 \qquad (6-7)$$
$$公司价值 = 股权价值 + 净负债 \qquad (6-8)$$

表6-3　2015年12月31日可比公司 EV/EBITDA 计算表　　　　万元

可比公司	股权价值	公司价值	EBITDA	EV/EBITDA
GL公司	861 554.82	873 331.32	113 396.79	7.70
SF公司	609 050.00	779 542.45	96 379.10	8.09
DF公司	808 916.72	994 137.72	158 011.53	6.29
GJ公司	907 777.57	982 438.54	138 619.20	7.09
平均值				7.29

数据来源：笔者总结。

（六）计算 SJ 公司整体价值评估值

假设 SJ 公司不存在非经营性资产或溢余资产，将 SJ 公司 2016—2020 年收益现值合计 234 959.47 万元、退出时点的 EBITDA 现值 83 375.71 万元、退出倍数 EV/EBITDA 取值 7.29 等代入式（6-5），计算得到 SJ 公司整体价值评估值为：

$$P = 234\,959.47 + 83\,375.71 \times 7.29 = 234\,959.47 + 607\,808.93 = 842\,768.40（万元）$$

其中，SJ 公司在假定退出时点的退出变现价值为 607 808.93 万元，整体价值评估值为 842 768.40 万元。

二、案例分析结论及建议

（一）案例分析结论

通过以上案例模拟，可进一步推知：①当退出倍数法应用于周期性公司估值时，除了理论框架部分提出的退出倍数法注意事项以外，还须注意，在确定周期性公司的假定退出时点时，由于周期性行业受宏观经济影响显著，收益额波动剧烈，准确判断其周期性拐点比较困难，所以应综合考量公司发展趋势、宏观经济形势以及周期性行业走势，以确定合理的假定退出时点。本案例将收益预测期确定为 5 年，将退出时点设定为第 5 年年末，是仅针对样本公司的时点设定，并不适用于所有周期性公司。②如前所述，可比对象价值比率的计算时点以评估时点居多，所以，从案例模拟的代表性和直观性出发，本案例通过修正可比公司评估时点的 EV/EBITDA 计算得到样本公司的退出倍数。但是，这实际并不是本案例的最佳选择。因为样本公司在评估基准日正处于收益周期的波谷，该时点的价值比率可能无法客观体现退出时点预计处于收益周期中段的市场状况,当前计算所得退出倍数可能偏低于退出时点市场水平,因此,更为合理的做法是选取收益周期中段的对应时点计算可比对象价值比率,或者直接测算价值比率的历史平均水平用于计算样本公司的退出变现价值。可比对象价值比率的计算时点选择问题,对于退出倍数法在周期性公司估值中的应用而言更为显著。③本案例选取 FCFE 和 WACC 分别作为收益预测期的收益额和折现率,选择 EV/EBITDA 作为假定退出时点的退出倍数,以评估样本公司的整体价值。但须注意,如果本案例是评估样本公司的股权价值,则应选取 FCFE 和权益资本成本分别作为收益预测期的收益额和折现率。在计算样本公司退出变现价值时,还应在现有结论基础上扣减退出时点的债务价值现值,或者直接选择股权口径退出倍数计算样本公司的退出变现价值。④本案例假设样本公司不存在非经营性资产或溢余资产,将经营性资产评估值作为样本公司的整体价值。但须注意,如果样本公司存在非经营性资产或溢余资产,则需要将现有评估结果加上评估基准日的非经营性资产评估值和溢余资产评估值,作为最终评估结论。

(二) 退出倍数法应用建议

退出倍数法综合采用收益法和市场法的估值思路,为公司估值尤其是周期性公司估值提供了新的路径。首先,恰当运用退出倍数法进行公司估值,一方面避免了应用收益法时因公司长期收益难以预测所形成的估值困扰,另一方面也有效利用了较为可靠的短期收益预期对整体估值合理度的提升作用,降低了直接采用市场法时因可比对象选择不当而可能产生估值偏差的概率,因而有利于提高公司估值的合理性和可靠性;其次,只要是第一阶段预期收益额较为明朗,而第二阶段预期收益额剧烈波动或者缺乏显著特征的公司估值,均可采用退出倍数法,并且,退出倍数法特别适用于周期性公司估值和部分增长性行业公司估值;最后,目标公司假定退出时点的确定、退出倍数的选择与测算、可比对象的选择等是退出倍数法的应用重点与难点,退出倍数的口径、可比对象价值比率的计算时点以及对价值类型和评估假设等评估要素的把握等是其中值得注意的事项。

第七章 周期性公司估值、收益额测算与情景分析法

剧烈波动的宏观经济环境导致周期性公司的收益额呈现高度不稳定现象，进一步加大了收益途径在周期性公司估值中的应用难度。为此，一些学者建议，在使用收益途径的过程中可以尝试引入情景分析法，以使周期性公司估值结果更加客观合理。然而，在与之相关的理论研究与估值实践中，情景分析法往往只是作为一种改进传统估值方法的创新思路或者案例分析的辅助工具得到初步考虑，关于情景分析法应用于收益途径的详细步骤、具体模型和应用难点等方面的研究并不丰富。这无疑不利于情景分析法的规范、合理及有效应用。鉴于此，本章拟在回顾国内外已有研究的基础上，系统剖析情景分析法在周期性公司估值中的应用步骤、模型选择、应用难点与解决路径，并结合微案例对情景分析法应用于周期性公司估值的关键环节进行模拟演示。

第一节 有关情景分析法及其应用于周期性公司估值的文献回顾

本节重点对情景分析法及其应用于周期性公司估值的相关文献进行回顾、梳理与述评。

一、情景分析法相关背景与研究现状

（一）情景分析法相关背景

情景分析法作为一种预测未来可能的方法，根据影响事物或者项目的内外部系统综合分析，设置出两种或两种以上不同前景，描述并分析这些前景的内容，

从而形成总体性的综合预测,所以也被称为前景描述法。该方法最早被使用于20世纪40年代末,具体由美国兰德公司的国防分析员用来分析敌对国家利用核武器的各种可能,但此时尚未形成明确的"情景分析法"表述。20世纪70年代,美国壳牌石油公司的科研人员提出利用情景分析法并利用该法提前做好应对能源危机的准备,使公司在中东战争期间获得大幅盈利;随后,美国壳牌石油公司又于20世纪80年代利用情景分析法成功预测石油泡沫并卖掉多余的石油储备,得以在石油泡沫期间良好运营,其在世界石油公司的排名也从第六位上升到第二位。

此后,情景分析法的优点逐渐为人所知。例如:能及时地识别未来发展中可能出现的难题,以便采取行动消除或减轻它们的影响;能尽早发现可能会错过的未来机会;能通过应变计划对新的发展和突发事件做出灵活、快速的反应;能极其灵敏地反映环境的变化,以深化对于市场环境及作用机制的理解;能提醒对决策风险保持清醒的认识;能比较容易地将分析和预测结果用于制定规划的过程。于是,情景分析法受到全球各大商业机构和政府机构的欢迎,并随着社会的发展被广泛使用。西方的投资、军事、政治、图书情报、企业管理等很多领域对情景分析法展开应用。我国学术界也于20世纪90年代逐渐引入情景分析法,并涉及投资、交通规划、情报、能源、环境、物流等国内各大领域。

(二)情景分析法相关研究

国内外学者围绕情景分析法陆续开展相关研究。情景分析法核心词是"情景",关于该词的定义,国外学者卡恩和维纳(Kahn and Wiener,1967)等持有一种观点,即"情景"可以理解为将来具有多样性,任何潜在的结果都有可能在未来发生,并且通向各种未来结果的路径也存在多种可能;费伊(Fahey,1986)提出,一种情景应该包括结束状态、策略、驱动力和逻辑等四个要素,且这些要素因具有多种发展途径和彼此之间的不同联系而构成不同情景。此外,芬克和斯科雷克(Fink and Schlake,2000)认为,做情景分析时要结合系统整体性和未来连续性而考虑到多种可能结果。切尔马克(Chermack,2005)对情景分析进行了明确的定义,并就情景分析理论进行综述。

有关情景分析法的国内文献在初期主要以介绍性为主,具体从不同角度对情景分析法的基本定义、适用范围等展开讨论。例如:宗蓓华(1994)归纳提出情景分析法的定义和本质特征;于红霞和钱荣(2006)强调,情景分析法适用于未来发展形势很不确定、过去曾有突发现象出现并造成损失、可能有明显跳跃性的几类事物；田光明（2008）认为，情景分析法适用于资金密集、企业规模调整所需时间长、投入高的行业，以及产品开发的研发期长、不确定性强的行业。娄伟（2012）列举了美国直觉逻辑学派、美国概率修正趋势学派、法国远景学派等三类情景分析学派，提出我国常用的情景分析法属于美国直觉逻辑学派。

如今，关于情景分析法的国内研究更趋向于结合具体领域展开。例如：王京等（2015）在结合宏观经济发展预测铜资源需求时，利用情景分析法把我国未来铜消费增长情景分为高情景、中情景、低情景三种；夏凌娟和彭婉丽（2016）在研究通过能源行业技术进步来抑制二氧化碳排放量时，把我国未来能源发展情景分为基准情景、技术进步情景、可持续发展情景三种。情景分析法在图书情报、情报学领域的应用研究也相对成熟（王克平，2014；杨峰等，2016）。

二、情景分析法应用于周期性公司估值相关研究

（一）国外相关研究

国外学者对情景分析法在周期性公司估值中的应用开展了相对深入的探讨。例如，科勒等（Koller et al，2007）提出可以采用情景分析法对周期性公司估值，具体可以是双情景或者根据需要使用两个以上的情景；其以双情景为例，分别构建根据评估对象历史信息设立的情景和根据评估对象最近经营状况和行业新形势设立的情景，并分别分析这两种情景的内容和确定相应的概率，最后通过加权计算不同情景下的公司价值得到最终估值结果。达莫达兰（Damodaran，2013）亦提出可以将情景分析法应用于周期性公司估值，即评估各种情景之下的预期现金流和公司价值，计算其不同概率下的加权平均数；其强调情景分析法主要包括确定情景围绕哪些要素建立、确定对每个要素要分析多少种情景、评估每种情景下的现金流、为每种情景计算相关概率等四个关键部分，并需要注意可能存在的情景不现实且不能覆盖所有可能性、持续性风险以及双倍计入风险等问题。这里的"双倍计入风险"意味着预期价值已经被调整过风险，所以，潜在的相同风险可能被双倍计入，或双倍计入了与决策不相关的风险。

（二）国内相关研究

谈及周期性公司估值，国内学者多是将情景分析法作为一种改进传统估值方法的创新思路或者案例分析的辅助工具进行考虑。例如，韩辉（2010）分析了有

色金属企业与宏观经济景气程度的关系，并尝试将情景分析法应用于有色金属企业估值。郜志宇（2011）在对矿业企业价值评估收益法的创新思路中，提出可以合理运用情景分析法，并对情景分析法的大致思路与应用步骤进行简要描述。但是，在对不同情景进行加权平均的具体环节，现有文献的计算思路存在分歧。其中，一种观点是分别预测未来不同情景下的公司价值并对其赋予不同的权重，最后得出公司的加权平均价值。例如，郜志宇（2011）、郭庆奎（2012）分别将情景分析法引入矿业企业和钢铁企业的传统收益法估值过程，具体预测样本公司在不同情景下的净现金流、折现率以及样本公司价值，进而计算得到公司加权平均价值。另一种观点是分别预测未来不同情景下的预期现金流并对其赋予不同的权重，在计算得到加权平均后的预期现金流后，进行折现得到公司价值。例如，陈小伟（2014）将情景分析法引入航运企业的传统收益法估值过程，具体对两阶段 FCFF 模型中不同情景下的预期 FCFF 分别进行加权平均后，进行折现求得样本公司价值。

三、研究述评

综上可见，国内外关于情景分析法的文献较多，学者们立足不同角度、不同领域对情景分析法展开细分研究。但是，在与周期性公司估值相关的研究领域，情景分析法还只是作为一种改进传统估值方法的创新思路或者案例分析的辅助工具被得以初步考虑，鲜见涉及情景分析法应用的详细步骤、具体模型和应用难点等方面的研究。特别是在未来情景构建以及在不同情景下的具体参数测算、情景概率确定、加权平均计算等环节的分析不够详尽和深入。因此，笔者拟在现有研究的基础上，从应用步骤、模型选择、应用难点和解决路径等方面系统剖析情景分析法在周期性公司估值中的具体应用。

第二节　情景分析法在周期性公司估值中的应用步骤与模型选择

本节重点探讨情景分析法在周期性公司估值中的详细应用步骤、具体模型及其选择问题。

一、情景分析法在周期性公司估值中的应用步骤

（一）情景分析法的一般操作步骤

各个学派的情景分析法操作步骤虽有所区别，但大体结构一致，其一般可以归纳为以下六个操作步骤：

1. 明确决策主题

明确要进行情景分析的项目主题，即焦点。主题应具有重要性特征和不确定性特征，并了解项目主题的背景、目的、限制范围等。

2. 识别重要影响因素

重要影响因素是指影响该项目未来发展，对主题至关重要的因素，是造成未来情景变化的主要内部原因。

3. 确定关键外在驱动力量

影响项目的外在驱动力量，包含市场经济环境、政策法规、行业技术手段等。最重要、最不确定的因素应是构成情景框架的主要目标。

4. 构造情景框架并形成不同具体情景

将关键外在驱动力量按照重要性和不确定性排序，总结形成情景框架，并依此形成具体情景。

5. 确定每种情景对应概率

描述根据情景框架形成的各种情景，监测主要的指标和先兆事件并预期哪一情景正在出现，确定每种情景对应的概率。

6. 分析情景内容

针对每种情景具体分析其含义，并给出适当建议。

（二）情景分析法应用于周期性公司估值的具体步骤

参照已有研究，结合一般操作步骤，情景分析法应用于周期性公司估值的具体步骤如下：

1. 明确估值对象及相关背景

明确要进行情景分析的估值对象，即周期性公司。其主题即综合应用收益途径和情景分析法对周期性公司进行估值，具体通过分析标的公司相关背景与自身特征、明确评估基本事项、搜集重要内外部信息数据等，为后续分析提供依据。

2. 识别影响估值的内部重要参数

影响估值的内部重要参数，主要是可能导致周期性公司估值结果发生重大变化的内部影响因素，多体现为营业收入、营业成本、利润率、稳定增长率、资本性支出等不确定性较强的周期性公司收益指标。要利用情景分析法对公司未来发展的不同可能情景进行预测和描述，必须先识别这些重要参数。

3. 确定影响估值的关键外在驱动因素

影响周期性公司估值的关键外在驱动因素，主要包含宏观经济、政策法规、技术进步等，这些因素能够促发内部重要参数的波动，进而使公司估值结果发生重大变化。对于周期性公司，最重要、不确定性最强的关键外在驱动因素多表现为宏观经济因素，这应该成为周期性公司未来情景构建的主要目标。通常，用于获得驱动因素相关信息的手段包括查阅电子或者纸质资料、相关主体访谈、询问权威专家等。

4. 构建周期性公司估值的未来情景框架并形成不同具体情景

将宏观经济、政策法规、技术进步等影响周期性公司估值的关键外在驱动因素按照重要性和不确定性排序，总结形成周期性公司估值的未来情景框架，并依此形成不同具体情景。其中，未来情景框架的具体构建方法参见本章第三节。

5. 确定周期性公司每种情景对应的概率

描述根据周期性公司估值的未来情景框架所形成的各种具体情景，结合历史信息与当前时点的因素特征、先兆事件，采用适当的定性或定量分析方法，综合确定每种情景可能发生的概率。其中，情景概率的具体确定方法参见本章第三节。

6. 分析周期性公司在每种情景下的具体估值参数内容

针对不同具体情景，逐项分析周期性公司估值的各项重要参数特征，此时需要考虑到各参数之间的联动关系，体现情景设定和参数组合的现实性和可行性，进而计算周期性公司在每种情景下的收益额具体数值。例如，最佳情景并不意味着公司各项收益指标均为最佳，否则这种情景将不具有现实性，因为公司可能为了获得更高的营业收入而不得不接受较低的利润率。

7. 通过加权平均计算得到周期性公司估值结果

将情景分析思路与收益途径估值思路相结合，选择和构建合适的周期性公司估值计算模型，再将不同情景的发生概率、收益额等数据代入模型，进而加权计算得到周期性公司估值结果。其中，将两种分析思路相结合的具体计算模型参见以下阐述。

二、情景分析法应用于周期性公司估值的模型构建与选择

为构建将情景分析思路与收益途径估值思路相结合的周期性公司估值具体模型,这里以 FCFF 两阶段模型作为基本模型,引入情景分析过程中涉及的情景概率等相关参数。

(一)基本模型及其参数的内涵

首先,假设企业收益期为永续期,企业 FCFF 在第 n 年(含第 n 年)以前有变化,在第 n 年(不含第 n 年)以后达到稳定状态并保持不变。则基本模型可以用公式表示为:

$$P = \sum_{t=1}^{n} \frac{FCFF_t}{(1+r)^t} + \frac{A}{r(1+r)^n} \quad (7-1)$$

式中:P 表示企业整体价值;$FCFF_t$ 表示第 t 年的 FCFF;r 表示折现率,具体采用 WACC 测算得到;A 表示企业收益达到稳定状态以后的年金。

其次,对于周期性公司,A 实际可以被视为正常化(或标准化)的收益额。所谓正常化,也就是公司在正常年份的收益额。一个正常年份代表周期中段的年份,此时的收益额、折现率、增长率等指标受宏观经济势力的影响可以忽略不计。所以,这种正常化的收益额,可以近似被看作周期性公司收益的一种内在稳定状态,其具体数额可以根据历史长周期数据进行分析估计;而达到这种状态的时点第 t 年年末,则意味着周期性公司刚刚经历完一个完整的收益周期,其既不是收益周期的波峰,也不是收益周期的波谷,这一点与第六章退出倍数法中退出时点的确定思路类似。

最后,根据已有文献提出的两种加权平均的计算思路,即直接对不同情景下的公司价值进行加权平均的第一种思路,以及先对不同情景下的现金流进行加权平均再进行折现的第二种思路,分别构建将情景分析法应用于周期性公司估值的具体模型。这里暂假设不同情景下周期性公司的收益额测算结果($FCFF_t$)存在显著差异,但折现率(r)以及达到正常化收益额(A)的时间(n)相同。此外,无论采用哪种计算思路,同一周期性公司的正常化收益额(A)理论上应当相同。

(二) 基于第一种加权平均计算思路的模型构建

假设周期性公司估值的未来情景被设定为 m ($m \geq 2$ 且为整数) 种不同具体情景,在经过未来情景构建、情景概率测算、情景内容分析、收益额测算等步骤以后,式 (7-1) 中的 $FCFF_t$, A, r, t 等变量均为已知数;此时,再引入情景概率 (W) 变量,按照第一种计算思路,直接对不同情景下的公司价值进行加权平均,则式 (7-1) 可变为:

$$P = \sum_{t=1}^{n} \frac{FCFF_{t_1}}{(1+r)^t} \times W_1 + \sum_{t=1}^{n} \frac{FCFF_{t_2}}{(1+r)^t} \times W_2 + \cdots +$$
$$\sum_{t=1}^{n} \frac{FCFF_{t_m}}{(1+r)^t} \times W_m + \frac{A}{r(1+r)^n} \quad (7-2)$$
$$= P_1 \times W_1 + P_2 \times W_2 + \cdots + P_m \times W_m$$

式中:P_1, P_2, $\cdots$, P_m 分别表示第 1, 2, $\cdots$, m 种情景下的周期性公司整体价值;$FCFF_{t_1}$, $FCFF_{t_2}$, $\cdots$, $FCFF_{t_m}$ 分别表示第 1, 2, $\cdots$, m 种情景下的 $FCFF_t$;W_1, W_2, $\cdots$, W_m 分别表示第 1, 2, $\cdots$, m 种情景的发生概率,即权重。

下面结合一个周期性公司估值的微案例对基于第一种加权平均计算思路构建的估值模型 [式 (7-2)] 进行模拟演示。假设 KL 公司属于钢铁行业,评估基准日为 2016 年 12 月 31 日。KL 公司在评估基准日的 FCFF 为 100 000 万元。经预测,未来宏观经济发展有中速增长 (增长率为 60%) 和低速增长 (增长率为 40%) 两种情景。两种情景下,KL 公司 FCFF 均在 5 年以后达到正常化水平,且 FCFF 的正常化数值为 170 000 万元,KL 公司 FCFF 增长率分别如表 7-1 所示,折现率均取值 10%。

表 7-1 两种情景下 KL 公司 FCFF 增长率预测表　　　　%

情景	2017 年	2018 年	2019 年	2020 年	2021 年
中速增长情景	5	10	20	30	15
低速增长情景	-5	3	13	20	10

数据来源:笔者总结。

若不考虑非经营性资产及溢余资产,则两种情景下 KL 公司 FCFF 及整体价值评估值预测表详见表 7-2。

表7-2 两种情景下 KL 公司 FCFF 及评估值预测表　　百万元

项目	2017年	2018年	2019年	2020年	2021年	2022年及之后
中速增长情景 FCFF	1 050.00	1 155.00	1 386.00	1 801.80	2 072.07	1 700.00
低速增长情景 FCFF	950.00	978.50	1 105.71	1 326.85	1 459.53	1 700.00
折现率	10.00%	10.00%	10.00%	10.00%	10.00%	10.00%
折现系数	0.909 1	0.826 4	0.751 3	0.683 0	0.620 9	6.209 2
中速增长情景收益现值	954.56	954.49	1 041.30	1 230.63	1 286.55	10 555.64
低速增长情景收益现值	863.65	808.63	830.72	906.24	906.22	10 555.64
中速增长情景企业整体价值评估值						16 023.17
低速增长情景企业整体价值评估值						14 871.10
企业整体价值评估值加权平均值						15 562.34

数据来源：笔者总结。

所以，根据式（7-2），在评估基准日，KL 公司基于第一种加权平均计算思路的整体价值评估值为 15 562.34 万元。

（三）基于第二种加权平均计算思路的模型构建

同样假设周期性公司估值的未来情景被设定为 $m(m \geq 2)$ 种不同情景，在经过未来情景构建、情景概率测算、情景内容分析、收益额测算等步骤以后，式（7-1）中的 $FCFF_t, A, r, t$ 等变量均为已知数；此时，再引入情景概率（W）变量，按照第二种计算思路，先对不同情景下的现金流进行加权平均，再进行折现，则式（7-1）可变为：

$$P = \sum_{t=1}^{n} \frac{FCFF_{t1} \times W_1 + FCFF_{t2} \times W_2 + \cdots + FCFF_{tm} \times W_m}{(1+r)^t} + \frac{A}{r(1+r)^n} \quad (7-3)$$

继续以 KL 公司为例，对基于第二种加权平均计算思路构建的估值模型［式（7-3）］进行模拟演示。按照相同的评估基础数据及情景构建思路，则两种情景下 KL 公司 FCFF 及整体价值评估值预测表详见表7-3。

表7-3 两种情景下 KL 公司 FCFF 及评估值预测表　　百万元

项目	2017年	2018年	2019年	2020年	2021年	2022年及之后
中速增长情景 FCFF	1 050.00	1 155.00	1 386.00	1 801.80	2 072.07	1 700.00
低速增长情景 FCFF	950.00	978.50	1 105.71	1 326.85	1 459.53	1 700.00

续表

项目	2017年	2018年	2019年	2020年	2021年	2022年及之后
FCFF加权平均值	1 010.00	1 084.40	1 273.88	1 611.82	1 827.05	1 700.00
折现率	10.00%	10.00%	10.00%	10.00%	10.00%	10.00%
折现系数	0.909 1	0.826 4	0.751 3	0.683 0	0.620 9	6.209 2
收益现值	918.19	896.15	957.07	1 100.87	1 134.42	10 555.64
企业整体价值评估值						15 562.34

数据来源：笔者总结。

所以，根据式（7-3），在评估基准日，KL公司基于第二种加权平均计算思路的整体价值评估值为 15 562.34 万元。这一估值结果与通过第一种加权平均计算思路得到的估值结果完全一样。但这并不代表基于两种加权平均计算思路构建的估值模型 [式（7-2）和式（7-3）] 就是彼此相同。

（四）情景分析法在周期性公司估值中的模型选择

在上述案例分析的基础上，通过比较模型推导过程亦可推知，即使不同情景下周期性公司的收益额测算结果（$FCFF_t$）存在显著区别，只要折现率以及达到正常化收益额的时间相同，则两种加权平均计算思路并无本质差异，只是在操作步骤上存在计算顺序的不同。此时，并不存在具体模型的选择问题。

但是，周期性公司估值中不同情景下的折现率以及达到正常化收益额的时间是否会彼此不同呢？在构建未来不同具体情景时，周期性公司收益从评估时点发展至内在稳定状态，就可能需要经历不同的时间长度；也就是说，周期性公司在不同情景下达到正常化收益额的时间可能不同。例如，上述案例中的KL公司，在未来宏观经济中速增长和低速增长两种情景下，也许其FCFF分别需要4年和7年时间方可达到正常化水平。同理，KL公司在不同情景下所面临的风险也往往不同，其折现率亦可能存在差异。

对此，若假设折现率以及达到正常化收益额的时间在不同情景下均不相同，那么，通过式（7-2）和式（7-3）得到的估值结果势必会彼此不同，并且按照式（7-3）得到的加权平均现金流无法适用于不同的折现率和收益期进行折现，所以，基于第一种加权平均计算思路的估值模型成为优先选择的模型。此时，式（7-2）亦可变为：

$$P = \left[\sum_{t=1}^{n_1} \frac{\text{FCFF}_{t1}}{(1+r_1)^t} + \frac{A}{r(1+r_1)^{n_1}}\right] \times W_1 +$$

$$\left[\sum_{t=1}^{n_2} \frac{\text{FCFF}_{t2}}{(1+r_2)^t} + \frac{A}{r(1+r_2)^{n_2}}\right] \times W_2 + \cdots + \quad (7-4)$$

$$\left[\sum_{t=1}^{n_m} \frac{\text{FCFF}_{tm}}{(1+r_m)^t} + \frac{A}{r(1+r_m)^{n_m}}\right] \times W_m$$

$$= P_1 \times W_1 + P_2 \times W_2 + \cdots + P_m \times W_m$$

式中：n_1，n_2，$\cdots$，n_m分别表示第1，2，$\cdots$，m种情景下周期性公司达到正常化收益额的时间（年）；r_1，r_2，$\cdots$，r_m分别表示第1，2，$\cdots$，m种情景下在第一阶段适用的折现率；r表示正常化的折现率。

而需要强调的是，参考已有研究（Damodaran，2013），将情景分析法应用于周期性公司估值时，需要注意双倍计入风险等问题；"双倍计入风险"即潜在的相同风险可能被双倍计入，或双倍计入了与决策不相关的风险。应该看到，我们已经通过不同情景下的收益额预测将周期性公司可能面临的不确定性风险考虑进去，如果再对折现率进行相应的情景分析并赋予不同权重，则可能存在重复性操作、双倍计入风险的问题。因此，笔者认为，在选择情景分析法对周期性公司进行估值时，应考虑选用正常化的折现率作为不同情景下的折现率取值依据，即$r_1 = r_2 = \cdots = r_m = r$。故式（7-4）可进一步变为：

$$P = \left[\sum_{t=1}^{n_1} \frac{\text{FCFF}_{t1}}{(1+r)^t} + \frac{A}{r(1+r)^{n_1}}\right] \times W_1 +$$

$$\left[\sum_{t=1}^{n_2} \frac{\text{FCFF}_{t2}}{(1+r)^t} + \frac{A}{r(1+r)^{n_2}}\right] \times W_2 + \cdots + \quad (7-5)$$

$$\left[\sum_{t=1}^{n_m} \frac{\text{FCFF}_{tm}}{(1+r)^t} + \frac{A}{r(1+r)^{n_m}}\right] \times W_m$$

$$= P_1 \times W_1 + P_2 \times W_2 + \cdots + P_m \times W_m$$

式中：P_1，P_2，$\cdots$，P_m分别表示第1，2，$\cdots$，m种情景下的周期性公司整体价值；n_1，n_2，$\cdots$，n_m分别表示第1，2，$\cdots$，m种情景下周期性公司达到正常化收益额的时间（年）；FCFF_{t1}，FCFF_{t2}，$\cdots$，FCFF_{tm}分别表示第1，2，$\cdots$，m种情景下的FCFF_t；W_1，W_2，$\cdots$，W_m分别表示第1，2，$\cdots$，m种情景的发生概率，即权重；r表示正常化的折现率，具体采用WACC测算得到；A表示周期性公司正常化的收益额。

综上所述，论及情景分析法在周期性公司估值中的模型构建及其选择问题，基于直接对不同情景下公司价值进行加权平均的思路而构建的估值模型[式(7-5)]具有最广泛的适用性，成为可供选择采用的最佳模型。当然，本节只是以周期性公司 FCFF 两阶段模型为例，探索情景分析法在周期性公司估值中的具体模型及选择问题；如果继续以收益途径应用于公司估值的其他模型进行分析，亦可形成类似结论。

第三节　情景分析法在周期性公司估值中的应用难点与解决路径

上一节围绕情景分析法在周期性公司估值中的应用步骤与模型选择进行分析。在此基础上，本节进一步梳理情景分析法在周期性公司估值中的应用难点并提出解决路径。

一、情景分析法在周期性公司估值中的应用难点

不难看出，未来情景构建和情景概率确定是情景分析法在周期性公司估值中的两大难点环节。

（一）周期性公司未来情景构建

情景分析法应用于周期性公司估值的第四步是构建周期性公司估值的未来情景框架并形成不同具体情景，也就是需要分别明确未来可能情景的数量及各自特征。在这一步，需要将宏观经济、政策法规、技术进步等影响周期性公司估值的关键外在驱动因素按照重要性和不确定性排序，总结形成周期性公司估值的未来情景框架，并依此形成不同具体情景。这一环节对于公司估值整体过程而言至关重要，直接涉及整个分析框架的合理性，并为后续的重要参数估计奠定基础，将直接决定情景分析法的应用效果，因为情景分析法的评价标准就在于情景之间的连贯性、情景综合性、不同情景的内部相同性、情景新颖性、情景结构分析和逻辑基础的严谨性。而要满足以上各项评价标准，难度很大。

(二) 周期性公司情景概率确定

情景分析法应用于周期性公司估值的第五步是确定周期性公司每种情景对应的概率，也就是分别度量式（7-5）中的"$W_1, W_2, \cdots, W_m$"。在这一步，需要通过描述各种具体情景，结合历史信息与当前时点的因素特征、先兆事件，采用适当的定性或定量分析方法，综合确定每种情景可能发生的概率。这一环节同样是公司估值整体过程中的关键环节，很大程度上决定着整个分析框架及情景分析法估值结果的可靠度。对于这一问题，已有研究多是对周期性公司各种未来情景的宏观经济走势、周期性公司所属行业发展趋势等进行定性分析，继而直接推测每种情景的发生概率。而如何综合采用定性分析与定量分析估算每种情景发生的概率，提高参数预测的合理性和可靠性，成为情景分析法的另一大难点。

二、情景分析法应用于周期性公司估值的未来情景构建

在明确估值对象及相关背景、识别影响估值的内部重要参数、确定影响估值的关键外在驱动因素以后，对于未来情景构建这一难点，这里拟从对关键外在驱动因素排序、设置未来情景的数量和划分不同情景的内容等三个方面探索解决路径。

（一）对关键外在驱动因素排序

前已述及，宏观经济、政策法规、技术进步等是影响周期性公司估值的关键外在驱动因素，宏观经济因素更是主要分析目标。对于前期形成的外在驱动因素列表，按照重要性和不确定性排序，一般将关键外在驱动因素控制在五个以内，最重要、不确定性最强的因素成为首选因素。此排序环节可以借助平面直角坐标系进行，如图7-1所示。其中，落入第Ⅱ象限的因素是情景框架构建中最为关键的因素，其次是落入第Ⅰ象限和第Ⅳ象限的因素，最后是落入第Ⅲ象限的因素。当然，不同行业周期性公司的关键外在驱动因素可能相同也有可能不同，

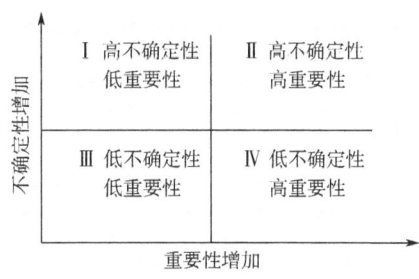

图7-1 未来情景构建中的
关键外在驱动因素排序

数据来源：笔者总结。

需要具体公司具体分析。

（二）设置未来情景的数量

根据排序选择的关键外在驱动因素形成情景时，一般需要筛选并设置2个（含）以上未来情景，如双情景、三情景、四情景、五情景等多种形式。多数情况下，应用情景分析法所构建的项目未来情景的总数不超过5个，但个别情况下，也不排除会根据具体需要而设计5个以上未来情景的可能。未来情景设置数量的多少，一般取决于经排序选择的关键外在驱动因素的数量多少。对于周期性公司估值，这些情景应尽可能涵盖目标公司估值涉及的各项关键估值参数与外在驱动因素。表7-4较为直观地列示出了常见的情景框架设计方案。

表7-4 常见的情景框架设计方案

双情景	三情景	四情景	五情景	六情景	……
情景1	情景1	情景1	情景1	情景1	
情景2	情景2	情景2	情景2	情景2	
	情景3	情景3	情景3	情景3	……
		情景4	情景4	情景4	
			情景5	情景5	
				情景6	

数据来源：笔者总结。

（三）划分不同情景的内容

与设置未来情景的数量紧密相关的是，根据不同情景的各自特征，对其进行内容划分。这里以双情景和三情景为例，进一步列举常见的情景内容划分方案，详见表7-5和表7-6。

表7-5 常见的双情景内容划分方案

种类	种类一	种类二	种类三	种类四	……
内容划分	情景1	积极	乐观	事件发生	……
	情景2	消极	悲观	事件不发生	……

数据来源：笔者总结。

表7-6 常见的三情景内容划分方案

分类	种类一	种类二	种类三	种类四	种类五	……
程度	情景1	高情景	乐观情景	繁荣情景	协调发展情景	……
	情景2	中情景	中性情景	正常情景	基准增长情景	……
	情景3	低情景	悲观情景	衰退情景	风险情景	……

数据来源：笔者总结。

根据表7-5，双情景通常被划分为情景1和情景2、积极情景和消极情景、乐观情景和悲观情景、事件发生情景和事件不发生情景等不同内容。除了第一种划分方法不体现具体情景特征外，其他划分方法中的两种情景均属性分明、对立性较强。所以，双情景分析更适用于关键外在驱动因素非常少的情形；且多数情况下，其中只有一个驱动因素是不确定性最强又最重要的。

根据表7-6，三情景通常被划分为情景1、情景2、情景3，高情景、中情景、低情景，乐观情景、中性情景、悲观情景，繁荣情景、正常情景、衰退情景，协调发展情景、基准增长情景、风险情景等不同内容。显然，较之双情景，三情景增加了一种处于中间地带的情景，使三种情景之间的对立性有所减弱。这是因为涉及的关键外在驱动因素数量有所增加，或者是因为不确定性最强又最重要的驱动因素不止一个，摊薄了单一因素的重要性或不确定性。

不难看出，关键外在驱动因素的数量越少，且其所占的重要性和不确定性比重越大，则需要设置的未来情景数量就越少，不同情景之间的对立性也越强；反之，需要设置的未来情景数量越多，情景彼此的对立性也越弱。

三、情景分析法应用于周期性公司估值的情景概率确定

对于情景概率确定这一难点，除了常见的基于宏观经济周期整体预测及公司当前所处阶段来确定未来情景的概率以外，这里拟进一步提出基于历史财务信息确定未来情景概率和采用概率树法确定未来情景概率等两种估算思路探索其解决路径。

（一）基于历史财务信息确定未来情景的概率

基于历史财务信息确定未来情景的概率，就是通过分析周期性公司历史年度

财务信息，研究各年度收益增长率和测算其分布特征，并结合公司当前在整个经济周期中位于波峰、中段或波谷的阶段分析，判断该公司未来可能走势的概率分布。其中，在测算各年度收益增长率的分布特征环节，评估人员选取以评估基准日为倒推起点的研究时段时，应尽可能涵盖若干个完整的经济周期。不过，这种估算思路更适用于关键外在驱动因素非常少的情形，特别是双情景情形。

下面结合一个周期性公司估值的微案例对这一估算思路进行说明。X公司是主营钢铁及炉料销售的上市公司，成立于1997年1月。评估基准日为2015年3月31日。该公司在1997—2014年共计18年的净利润及其增长率情况如表7-7和图7-2所示。

表7-7 1997—2014年X公司净利润及其增长率统计表

指标	净利润（万元）	净利润增长率（%）
1997年	16 632.58	—
1998年	16 574.45	-0.35
1999年	13 766.00	-16.94
2000年	20 918.48	51.96
2001年	15 479.60	-26.00
2002年	19 091.98	23.34
2003年	30 683.79	60.72
2004年	59 810.47	94.93
2005年	33 250.03	-44.41
2006年	57 948.94	74.28
2007年	107 160.30	84.92
2008年	94 409.04	-11.90
2009年	11 551.52	-87.76
2010年	15 356.36	32.94
2011年	55 416.11	260.87
2012年	-78 342.45	-241.37
2013年	6 548.16	108.36
2014年	-13 023.02	-298.88

数据来源：根据X公司1997—2014年年度报告整理得出。

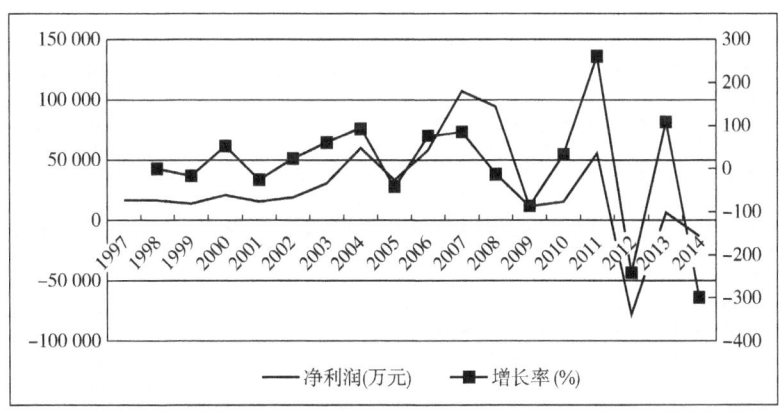

图 7-2　1997—2014 年 X 公司净利润及其增长率走势图
数据来源：根据 X 公司 1997—2014 年年度报告整理得出。

经预测，对 X 公司的未来发展趋势，适用于采用双情景进行分析，具体可划分为乐观情景和悲观情景。如果 X 公司未来的平均净利润增长率大于零，则为乐观情景；如果 X 公司未来的平均净利润增长率小于零，则为悲观情景。参照已有研究（刘树成，2010），整体看我国的经济周期，平均 9 年左右为一个周期。据此，假设 1997—2014 年恰好跨越两个完整的经济周期。于是，研究得到 X 公司各年度净利润增长率的分布特征，详见表 7-8。其中，对 1997—2014 年 17 个净利润增长率的可观测值进行分析，53% 为正值，47% 为负值。因此，判断 X 公司未来发展处于乐观情景的概率大致为 53%，面临悲观情景的概率大致为 47%。

表 7-8　1997—2014 年 X 公司净利润增长率分析表

	频数	频率	平均值（%）
正增长率	9	0.53	79.23
负增长率	8	0.47	-90.95
总数	17	1	3.81

数据来源：笔者总结。

（二）采用概率树分析法确定未来情景概率

基于历史财务信息确定未来情景的概率，多适用于关键外在驱动因素非常少的情形。当关键外在驱动因素较多时，可以采用概率树分析法确定未来情景概率。概率分析，又称风险分析，是通过研究各种不确定性因素发生不同变动幅度的概率分布及其对项目经济效益指标的影响，对项目可行性和风险性以及方案优劣做出判断的一种不确定性分析法。概率树分析法则具体将各种不确定性因素之间的逻辑关系用一种称为概率树的树形图表示。

下面也结合一个周期性公司估值的微案例对这一估算方法进行说明。Y公司是以加工、销售有色金属为主业的上市公司。经预测，影响Y公司估值的最关键外在驱动因素有两个：宏观经济发展水平和产业政策支持力度。假设两个关键驱动因素之间相互独立。聘请专家对这两项关键外在驱动因素的可能性做出合理假设判断以及对每一个可能性赋值：宏观经济未来可能呈现中速发展和低速发展两种情形，发生概率分别为70%和30%；产业政策未来可能呈现支持政策和中性政策两种方向，发生概率分别为60%和40%。可见，Y公司适用于采用四情景进行分析，具体可划分为情景1、情景2、情景3和情景4。据此，绘制Y公司未来情景的概率树分析图，详见图7-3。

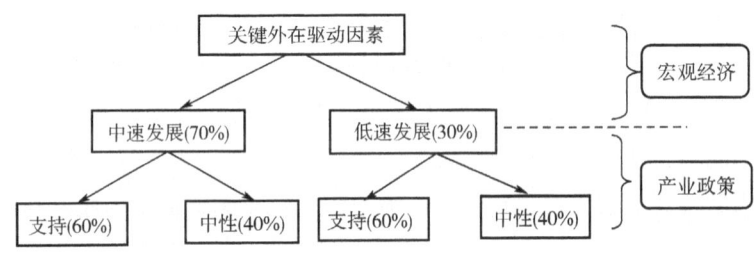

图7-3 Y公司未来情景的概率树分析图
数据来源：笔者总结。

根据图7-3，采用概率树分析法分别测算Y公司未来四种情景的发生概率。如果各关键驱动因素之间相互独立，则可以将每个关键驱动因素的各种可能性概率与其他关键驱动因素各种可能性概率分别相乘，进而组合计算得到未来各种情景的发生概率。测算结果如下：

情景1：宏观经济以中速水平发展，并且有色金属行业得到政府政策的支持，这是乐观情景。将中速发展的宏观经济和支持性产业政策的发生概率相乘，即：70% × 60% = 42%。42%就是情景1发生的概率。

情景2：宏观经济以中速水平发展，并且有色金属产业政策保持中性，任其自然发展，这是次优情景。将中速发展的宏观经济和中性产业政策的发生概率相乘，即：70%×40%=28%。28%就是情景2发生的概率。

情景3：宏观经济以低速水平发展，并且有色金属行业得到政府政策的支持，这是一般情景。将低速发展的宏观经济和支持性产业政策的发生概率相乘，即：30%×60%=18%。18%就是情景3发生的概率。

情景4：宏观经济以低速水平发展，并且有色金属产业政策保持中性，任其自然发展，这是悲观情景。将低速发展的宏观经济和中性产业政策的发生概率相乘，即：30%×40%=12%。12%就是情景4发生的概率。

最后，未来四种情景的发生概率之和为100%，即：42%+28%+18%+12%=100%。以上是关键外在驱动因素为2个的四情景情形下的周期性公司估值案例分析，概率树分析法亦可被用于情景设置更为复杂、关键外在驱动因素更多的周期性公司估值与决策。

第三篇 周期性公司估值与不确定性分析

第八章　周期性公司估值与敏感性分析
第九章　周期性公司估值与蒙特卡罗模拟

第八章 周期性公司估值与敏感性分析

在周期性公司估值中,诸多因素导致未来收益额、折现率等估值参数的预测误差难以控制,进而可能降低估值判断的有效性。敏感性分析作为一种不确定性分析技术,从定量角度研究一定数据模型中的输入变量变化对输出变量的影响程度,已逐渐被视为公司估值尤其是解决周期性公司估值难题的辅助工具。本章拟对单因素、双因素、多因素等不同敏感性分析方法分别进行模拟应用并做比较分析,希冀为周期性公司估值中的敏感性分析工具选择和使用提供理论依据和实务借鉴。

第一节 敏感性分析及其在公司估值中的应用现状

本节重点针对不同敏感性分析方法的思路和步骤进行解析,并就敏感性分析在公司估值中的应用现状进行归纳与述评。

一、敏感性分析的不同类型

敏感性分析一般包括选取敏感性分析指标、选取不确定因素、设定不确定因素的变动程度(一般设定百分率,如±5%、±10%等)、计算不确定因素变动对分析指标的影响程度、制作敏感性分析对照表或绘制敏感性分析曲线图找出敏感性因素等几个基本步骤。单因素、双因素、多因素等不同敏感性分析方法的详细思路和步骤如下:

(一)单因素敏感性分析

假设其他因素不变,仅考查其中一个不确定因素变化对分析指标的影响,这种敏感性分析称为单因素敏感性分析。单因素敏感性分析首先仅选定一个不确定因素，采用变动幅度法，按照一定的比例幅度变动其数值，并重新计算分析指标值，把该值与基准值进行对比，得出变量因素变化率；其次，仅选定另一个不确定因素，按同样的方法分析，直到把所选出的不确定因素以不同的变动水平分析完毕；最后，制作敏感性分析对照表或绘制敏感性分析曲线图，比较确定敏感性因素。

（二）双因素敏感性分析

单因素敏感性分析是假设一种因素变动、其他因素不变情况下的一种理想化分析结果。事实上，许多因素的变动具有关联性，一个因素的变动可能会引起其他因素变动，或者不同因素组合后的影响可能同向叠加，亦可能正负相抵。对此，假设其他因素不变，每次同时考查两个不确定因素的变化对分析指标的影响，这种敏感性分析就是双因素敏感性分析。其步骤与单因素敏感性分析步骤基本一致，依然使用变动幅度法，其每次须同时选定两个不确定因素按照设定的变动水平做相应的变动，重新计算分析指标值。

（三）多因素敏感性分析

较之前两种敏感性分析，多因素敏感性分析是模拟实际变化过程，使各种不确定因素以不同的水平共同变动，考查其对分析指标的影响。因而，多因素敏感性分析涉及的不确定因素更全面、更多样，分析过程也更加复杂。多因素敏感性分析一般假设同时变动的几个敏感性因素相互独立，且在实际情况中发生变动的概率大体相同。其应用的具体方法和步骤因实际情形的不确定因素个数和复杂性程度的不同而存在差异。

二、敏感性分析在公司估值中的应用现状

敏感性分析在公司估值中的应用可以分别体现在评估准则和文献研究两个层面。

（一）评估准则层面

在评估准则层面，国际评估准则（International Valuation Standards，IVS）、英

国评估准则（红皮书）、中国资产评估准则等国际主要评估准则均认可其应用，并提出引导性的应用意见。其中，国际评估准则理事会（International Valuation Standards Council，IVSC）于 2012 年 11 月发布的 IVS 技术信息文件（Technical Information Papers）《评估结论的不确定性（征求意见稿）》（*Valuation Uncertainty*）中指出，"敏感性分析是定量描述评估结论不确定性的一种手段，建议在采用关键输入值的最可能取值来获得评估结论的同时进行敏感性分析，以揭示关键输入值的可能取值范围对评估结论的影响"；英国皇家特许测量师学会（RICS）在发布的红皮书（2014 年第九版）《指南 1：评估结论确定性》（*GN 1 Valuation certainty*）中指出，"如果发现存在对评估结论的确定性具有实质性影响的因素，可能比较谨慎的做法是进行敏感性分析，以阐明这些变量的变动对评估结论产生的影响"；中国资产评估协会发布的《资产评估操作专家提示——收益法中的敏感性分析（征求意见稿）》（中评协〔2013〕172 号）也指出，"在收益法评估中对不确定性因素进行分析和预测时会较多地依靠主观经验判断，然而这些预测或假设结果并不一定就是最佳估计，利用敏感性分析方法对评估的关键参数的变动对于评估结论的影响进行相应的分析，可以帮助评估人员提高评估结果的合理性和稳定性"。可见，上述准则均建议将敏感性分析运用于估值实务；但也要看到，这些准则尚缺乏与之对应的系统、全面和明确的操作规程，因而对具体操作的指导性又显得不足。

（二）文献研究层面

在文献研究层面，经济评价和资产评估等领域均有涉及敏感性分析的相关研究。经济评价领域中，敏感性分析已得到普遍认可和广泛应用。例如，夏彩云和刘静（2012）、孔令伟和梅婷婷（2013）、陈梓炜和李圆（2014）等分别提出单因素、双因素和多因素敏感性分析可被应用于经济评价或项目评估，为投资决策提供科学依据。在资产评估领域中，相关研究主要集中于单因素敏感性分析，较少涉及双因素敏感性分析，多因素敏感性分析更是鲜见。例如：李晏兵（2008）利用滚动条模型，对公司净利润和主营业务收入分别进行单因素敏感性分析和相关验证；霍新颖（2014）利用变动幅度法，对公司净现金流和折现率分别进行单因素敏感性分析；曾薇（2014）则利用变动幅度法，在单因素敏感性分析的基础上，对企业评估值进行双因素敏感性分析。较之资产评估领域，敏感性分析在经济评价领域的文献研究起步更早、数量更多、广度更大，但多因素敏感性分析的系统操作与应用是二者共同的薄弱环节。

综上所述，国内外评估准则有关敏感性分析的具体操作指引相对欠缺，文献研究中立足多因素敏感性分析的理论应用较为薄弱，这些都在一定程度上导致当前评估实践中对敏感性分析的应用不尽规范，从而限制其作用的有效发挥。对此，本章将基于周期性公司估值实例，对单因素、双因素①、多因素等不同敏感性分析方法的应用进行模拟演示，其中，对多因素敏感性分析的应用将进行重点探讨和挖掘；通过演示，比较不同方法的优缺点，并分别提出方法选择建议及其注意事项。

第二节 不同敏感性分析应用于周期性公司估值的实证比较

一、理论分析与研究设计

（一）样本选择

这里选择某周期性上市公司（以下简称"SH 公司"）价值评估案例作为研究样本。SH 公司主营电缆生产，包括 35dv、630 平方毫米及以下的高压电缆、低压电缆和阻水、阻燃等特种电缆。根据 SH 公司资产评估报告，经某评估机构评估，采用企业自由现金流折现模型评估 SH 公司整体价值的评估值为 42 382.62 万元，评估基准日为 2015 年 12 月 31 日。SH 公司未来各年度 FCFF 及评估值预测明细详见表 8-1。

表 8-1　SH 公司未来各年度 FCFF 及评估值预测表　　　　　万元

项目	2016 年	2017 年	2018 年	2019 年	2020 年	2021 年及以后
一、营业收入	88 344.36	97 226.20	106 821.00	118 374.00	130 819.00	130 819.00
二、营业成本	77 608.00	84 912.00	92 705.00	102 075.00	112 089.00	112 089.00

---

① 双因素敏感性分析亦可被视为多因素敏感性分析的一种特殊类型。为便于比较分析，本章将敏感性分析分为单因素、双因素、多因素等不同类型，故这里所指多因素敏感性分析主要适用于需要分析的不确定因素不低于三个的情形。

续表

项目	2016年	2017年	2018年	2019年	2020年	2021年及以后
减：营业税金及附加	203.00	223.00	245.00	272.00	300.00	300.00
减：销售费用	1 912.00	2 179.00	2 408.00	2 680.00	2 971.00	2 971.00
减：管理费用	1 937.00	1 976.00	2 116.00	2 280.00	2 383.00	2 383.00
减：财务费用	1 574.04	1 577.00	1 577.00	1 577.00	1 577.00	1 577.00
减：资产减值损失	0.00	0.00	0.00	0.00	0.00	0.00
加：公允价值变动收益	0.00	0.00	0.00	0.00	0.00	0.00
加：投资收益	0.00	0.00	0.00	0.00	0.00	0.00
三、营业利润	5 110.32	6 359.20	7 770.00	9 490.00	11 499.00	11 499.00
四、利润总额	5 263.32	6 523.20	7 973.00	9 737.00	11 499.00	11 499.00
五、净利润	3 893.32	4 832.20	5 913.00	7 229.00	8 543.00	8 543.00
六、归属于母公司损益	3 893.32	4 832.20	5 913.00	7 229.00	8 543.00	8 543.00
加：折旧和摊销	436.00	1 608.00	1 674.00	1 754.00	1 841.00	1 841.00
减：资本性支出	543.19	2 347.00	2 471.00	2 715.00	2 876.00	1 841.00
减：营运资本增加	10 060.99	4 253.00	4 560.00	5 486.00	5 869.00	0.00
七、股权自由现金流	-7 137.29	-159.80	556.00	782.00	1 639.00	8 543.00
加：新增贷款	0.00	0.00	0.00	0.00	0.00	0.00
加：税后付息债务利息	399.50	1 182.80	1 182.80	1 182.80	1 182.80	1 182.80
减：贷款偿还	0.00	0.00	0.00	0.00	0.00	0.00
八、企业自由现金流	-6 737.79	1 023.00	1 738.80	1 964.80	2 821.80	9 725.80
折现率	12.80%	12.80%	12.80%	12.80%	12.80%	12.80%
折现系数	0.8865	0.7859	0.6967	0.6177	0.5476	4.2780
九、收益现值	-5 128.86	804.00	1 211.50	1 213.62	1 545.19	41 607.33
经营性资产价值						41 252.78
基准日非经营性资产净值评估值	1 129.84		溢余资产评估值		0.00	
企业整体价值评估值（扣除少数股东权益）					42 382.62	

数据来源：SH公司资产评估报告。

(二) 研究方法与步骤

1. 现金流折现法

这里选择与样本案例相同的 FCFF 两阶段模型计算采用不同敏感性分析方法后 SH 公司整体价值的变化,具体是将各预测年度的 FCFF 分为详细预测期和永续期,并用公司加权平均资本成本 (WACC) 分别进行折现加和得到公司整体价值。其估值模型如下:

$$P = \sum_{t=1}^{n} \frac{\text{FCFF}_t}{(1+\text{WACC})^t} + \frac{\text{FCFF}_{n+1}}{\text{WACC}} \times \frac{1}{(1+\text{WACC})^n} \qquad (8-1)$$

式中:P 为公司整体价值;FCFF_t 为第 t 年的 FCFF;n 为年度;FCFF_{n+1} 为第 $n+1$ 年后的永续 FCFF。

2. 敏感性分析

将单因素、双因素、多因素等不同敏感性分析方法分别模拟应用于样本周期性公司估值实例。分析过程中涉及的不确定因素包括折现率及影响未来收益额的重要财务指标。其中,多因素敏感性分析的具体方法与步骤参见"多因素敏感性分析——正交分析法"。

3. 多因素敏感性分析——正交分析法

对于多因素敏感性分析,在选择较多因素时,如果仍采用变动幅度法,分析过程将非常复杂且逻辑欠佳,难以达到分析目的。例如,对同时具有 Y 种变动水平的 X 个不确定因素进行全面试验,就会形成 Y^x 种组合,尤其在因素较多时将更为烦琐。而正交分析法有利于解决这一问题。

正交分析法是一种研究多个因素同时变动,通过分析部分试验结果来代替全面试验结果的高效率方法,最初被用于工程技术实验,现也被用于经济评价,具有均衡分散性和整齐可比性的特点。其优良之处在于用最少的测试用例来覆盖多个变量取值的两两组合(李建华、王永录,1995),可以最大限度地排除其他因素的干扰,便于综合比较某因素对评价指标的影响程度。正交表所选择的试验点在全面试验点中均衡分布,保证所选点的代表性。正交表有两种类型,分别是等水平正交表和混合水平正交表。这里尝试综合采用正交分析法中的等水平正交表对公司整体价值进行敏感性分析。

多因素敏感性分析——正交分析法的详细步骤如下:第一步,确定敏感性分析指标,选取不确定因素及其变动水平,列出因素水平表。第二步,选择合适的正交表。其选用原则是：既要能安排下试验的全部因素，又要使部分水平组合数（处理数）尽可能少。一般情况下，试验因素的水平数应恰好等于正交表记号中括号内的底数；因素的个数应不大于正交表记号中括号内的指数；各因素的自由度之和要小于所选正交表的总自由度，以便估计试验误差。第三步，列出试验方案并计算各方案的结果。把正交表中安排因素的各列中每个数字依次换成该因素的实际水平，得到正交试验方案，再计算每种方案对应结果。第四步，极差分析。从各个因素的"极差"来看因素对指标影响程度的大小，这里所指的极差是该因素不同水平对应的试验结果均值的最大值与最小值之差。极差值越大，则改变这一因素的水平时对指标造成的变化越大，所以该因素对指标影响越大，据此判断其是否为敏感性因素。第五步，方差分析。通过方差分析，区分因素水平变化引起的差异和试验误差波动引起的差异，弥补直观分析的不足。

4. 比较研究法

最后比较和归纳单因素、双因素、多因素等不同敏感性分析方法应用于周期性公司估值时的优缺点、选择建议与注意事项，以供研究借鉴。

二、单因素敏感性分析应用步骤与结果分析

（一）单因素敏感性分析应用步骤

根据单因素敏感性分析步骤，选取敏感性分析指标为 SH 公司整体价值 P，选择对分析指标影响可能较大的不确定因素为营业收入 R、营业成本 C、资本性支出 E、营运资本增加 W、折现率 r（即 WACC）。假设各因素之间相互独立，设定各因素变化率为 ±5%、±10%，在表 8-1 基础上分别计算得出 SH 公司整体价值变动情况，如表 8-2 所示。

表 8-2　SH 公司整体价值（P）单因素敏感性分析对照表　　　　　%

因素	-10	-5	0	5	10
R	-18.48	-9.24	0.00	9.24	18.48
C	17.41	8.71	0.00	-8.71	-17.41
E	3.58	1.79	0.00	-1.79	-3.58
W	5.20	2.60	0.00	-2.60	-5.20
r	17.67	8.32	0.00	-7.45	-14.15

数据来源：笔者总结。

根据表 8-2 的结果，以各不确定因素的变化率为横坐标，以公司整体价值变化率为纵坐标，绘制敏感性分析曲线图，如图 8-1 所示。

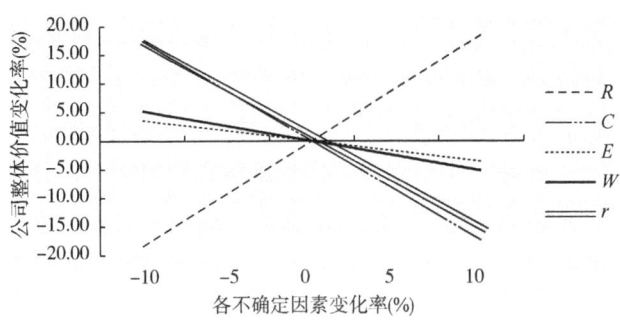

图 8-1　SH 公司整体价值（P）单因素敏感性分析曲线图

数据来源：笔者总结。

（二）单因素敏感性分析结果分析

根据表 8-2 和图 8-1，SH 公司整体价值变化与各不确定因素变化基本为线性关系；根据变动影响函数的斜率绝对值，因素敏感性大小排序为：$R > C > r > W > E$，营业收入、营业成本和折现率的变动对 SH 公司整体价值的变动影响明显更大，即营业收入、营业成本和折现率可视为敏感性因素。其中，SH 公司整体价值与营业收入呈正相关变动，与营业成本和折现率呈负相关变动。这一结果仅适用于各不确定因素之间相互独立的分析情形。

三、双因素敏感性分析应用步骤与结果分析

（一）双因素敏感性分析应用步骤

将上述不确定因素进行两两组合，假设其间相互独立且以同速率变动[①]，设定因素组合的同速率变化率为 ±5%、±10%，在表 8-1 基础上计算 SH 公司整体价值变动情况，如表 8-3 所示。

---

① 双因素敏感性分析亦可根据需要假设两种不确定因素相互关联，或者以不同速率分别变动。这里暂以其相互独立且以同速率变化情况进行模拟演示。

表8-3　SH公司整体价值（P）双因素敏感性分析对照表　　　　　　%

因素组合	-10	-5	0	5	10
$R+C$	-1.07	-0.53	0.00	0.53	1.07
$R+E$	-14.90	-7.45	0.00	7.45	14.90
$R+W$	-13.28	-6.64	0.00	6.64	13.28
$R+r$	-1.03	-0.97	0.00	1.74	4.12
$C+E$	20.99	10.50	0.00	-10.50	-20.99
$C+W$	22.61	11.31	0.00	-11.31	-22.61
$C+r$	35.28	17.08	0.00	-16.11	-31.36
$E+W$	8.78	4.39	0.00	-4.39	-8.78
$E+r$	21.64	10.21	0.00	-9.16	-17.41
$W+r$	23.02	10.96	0.00	-10.01	-19.21

数据来源：笔者总结。

同样，根据表8-3的结果，以各因素组合的同速率变化率为横坐标，以公司价值变化率为纵坐标，绘制敏感性分析曲线图，如图8-2所示。

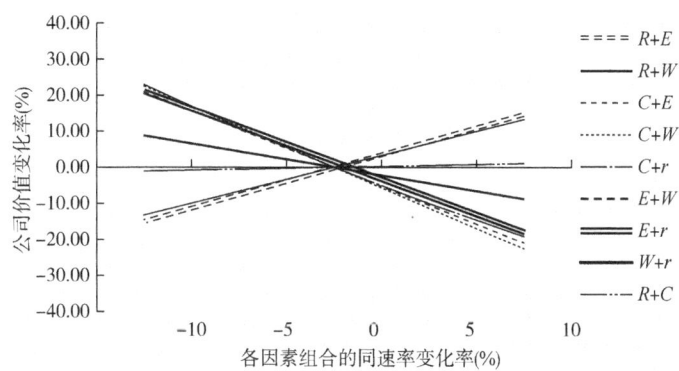

图8-2　SH公司整体价值（P）双因素敏感性分析曲线图

数据来源：笔者总结。

（二）双因素敏感性分析结果分析

从表8-3和图8-2可见，SH公司整体价值变化与各因素组合变化基本呈线性关系；根据变动影响函数的斜率绝对值，因素组合敏感性大小排序为：$C+r>C+$

$W > W + r > C + E > E + r > R + E > R + W > E + W > R + r > R + C$。其中，$C + r$ 组合对 SH 公司整体价值的变动影响最大，$C + W$、$W + r$、$C + E$、$E + r$ 四种组合的变动影响其次，$R + r$、$R + C$ 两种组合的变动影响最小，即在单因素敏感性分析中得出的三种敏感性因素经两两组合，分别形成了这里的最敏感因素组合和最不敏感因素组合。这主要是由其对 SH 公司整体价值的影响方向不同所致。影响方向不同的因素组合后，可能同向叠加、敏感性进一步增加，亦可能正负相抵、敏感性抵消后降低。

以上只是在假设不确定因素之间相互独立且以同速率变动情况下对双因素敏感性分析进行模拟应用。当因素之间相互关联或者以不同速率分别变动时，双因素敏感性分析还须进一步考虑因素在相互影响后所呈现的变化率或者以不同变化率进行更多组合后可能对分析指标产生的影响，其分析结果会更加全面和准确，但分析难度进一步加大，过程也将更加复杂。

四、多因素敏感性分析——正交分析法应用步骤与结果分析

（一）多因素敏感性分析——正交分析法应用步骤

1. 确定指标与因素，列出因素水平表

假设上述不确定因素之间相互独立且发生变动的概率基本相同，设定各因素变化率为 ±5%、±10%，列出因素水平表。详见表 8-4。

表 8-4 因素水平表　　　　　　　　　　　　　　　%

水平	不确定因素				
	R	C	E	W	r
1	10	10	10	10	10
2	5	5	5	5	5
3	0	0	0	0	0
4	-5	-5	-5	-5	-5
5	-10	-10	-10	-10	-10

数据来源：笔者总结。

2. 选择正交表

根据所选的五个因素水平数选择五水平正交表；为估计试验误差，针对选定的五个因子（不确定因素）数，将正交表设为六列，即最终选择 $L_{25}(5^6)$ 正交表。

3. 列出试验方案

按 $L_{25}(5^6)$ 正交表安排试验，总计进行 25 次不同因素组合试验；在表 8-1 基础上，分别计算不同试验条件下 SH 公司整体价值变动情况，详见表 8-5。

表 8-5　试验方案与结果

试验号	水平组合	因素水平（试验条件）（%）						试验指标 P（万元）	P 变动比（%）
		R	C	E	W	r	空列		
1	$R_1C_1E_1W_1r_1$	10	10	10	10	10	10	33 310.38	-21.41
2	$R_1C_2E_2W_2r_2$	10	5	5	5	5	5	41 534.83	-2.00
3	$R_1C_3E_3W_3r_3$	10	0	0	0	0	0	50 214.57	18.48
4	$R_1C_4E_4W_4r_4$	10	-5	-5	-5	-5	-5	59 412.99	40.18
5	$R_1C_5E_5W_5r_5$	10	-10	-10	-10	-10	-10	69 207.30	63.29
6	$R_2C_1E_2W_3r_4$	5	10	5	0	-5	-10	41 628.68	-1.78
7	$R_2C_2E_3W_4r_5$	5	5	0	-5	-10	10	51 232.73	20.88
8	$R_2C_3E_4W_5r_1$	5	0	-5	-10	10	5	43 091.84	1.67
9	$R_2C_4E_5W_1r_2$	5	-5	-10	10	5	0	46 060.10	8.68
10	$R_2C_5E_1W_2r_3$	5	-10	10	5	0	-5	51 057.88	20.47
11	$R_3C_1E_3W_5r_2$	0	10	0	-10	5	-5	34 061.48	-19.63
12	$R_3C_2E_4W_1r_3$	0	5	-5	10	0	-10	37 247.80	-12.12
13	$R_3C_3E_5W_2r_4$	0	0	-10	5	-5	10	46 388.58	9.45
14	$R_3C_4E_1W_3r_5$	0	-5	10	0	-10	5	51 917.14	22.50
15	$R_3C_5E_2W_4r_1$	0	-10	5	-5	10	0	44 063.91	3.97
16	$R_4C_1E_4W_2r_5$	-5	10	-5	5	-10	0	38 153.39	-9.98
17	$R_4C_2E_5W_3r_1$	-5	5	-10	0	10	-5	30 246.33	-28.64
18	$R_4C_3E_1W_4r_2$	-5	0	10	-5	5	-10	34 972.40	-17.48
19	$R_4C_4E_2W_5r_3$	-5	-5	5	-10	0	10	43 601.46	2.88
20	$R_4C_5E_3W_1r_4$	-5	-10	0	10	-5	5	47 156.79	11.26
21	$R_5C_1E_5W_4r_3$	-10	10	-10	-5	0	5	29 791.39	-29.71
22	$R_5C_2E_1W_5r_4$	-10	5	10	-10	-5	0	34 961.48	-17.51
23	$R_5C_3E_2W_1r_5$	-10	0	5	10	-10	-5	38 837.81	-8.36
24	$R_5C_4E_3W_2r_1$	-10	-5	0	5	10	10	31 218.39	-26.34
25	$R_5C_5E_4W_3r_2$	-10	-10	-5	0	5	10	39 497.67	-6.81

数据来源：笔者总结。

(二) 多因素敏感性分析——正交分析法结果分析

1. 极差分析

根据表 8-5，分别计算各因素同一水平试验指标平均值及其极差，如表 8-6 所示。其中，因素极差结果代表该因素对试验指标的影响程度。

表 8-6 试验指标平均值及其极差分析表　　　　　　　　万元

水平	因素					
	R	C	E	W	r	空列
1	50 736.02	35 389.07	41 243.86	40 522.58	36 386.17	42 806.17
2	46 614.25	39 044.64	41 933.34	41 670.62	39 225.30	42 698.40
3	42 735.79	42 701.04	42 776.80	42 700.88	42 382.62	42 690.69
4	38 826.08	46 442.02	43 480.74	43 894.69	45 909.71	42 723.30
5	34 861.35	50 196.71	44 338.74	44 984.72	49 869.68	42 854.92
R'	15 874.67	14 807.65	3 094.88	4 462.14	13 483.50	156.52

数据来源：笔者总结。

由表 8-6 可见，极差 $R'_R > R'_C > R'_r > R'_W > R'_E$，说明五个不确定因素对试验指标的影响程度大小排序为 $R > C > r > W > E$；这一结果与单因素敏感性分析结果一致。同时，表 8-5 结果还进一步表明不同因素组合下 SH 公司整体价值变动情况：$R_1C_5E_5W_5r_5$ 是最敏感因素组合（最适水平），其次为 $R_1C_4E_4W_4r_4$，$R_2C_3E_4W_5r_1$ 为最不敏感因素组合；这较之双因素敏感性分析涉及的因素更多、结果也更具体。

2. 方差分析

对表 8-5 所列结果进行方差分析，结果如表 8-7 所示。

表 8-7 方差及显著性分析表

方差来源	平方和 SS	自由度 df	均方和 MS	F 值
R	781 684 672.10	4	195 421 168.00	7 464.28 **
C	684 999 374.60	4	171 249 843.70	6 541.04 **
E	29 970 435.41	4	7 492 608.85	286.19 **

续表

方差来源	平方和 SS	自由度 df	均方和 MS	F 值
W	62 165 169.27	4	15 541 292.32	593.61 **
r	568 651 078.70	4	142 162 769.70	5 430.03 **
误差 e	104 723.35	4	26 180.84	
总和	2 127 575 453.43	24		

注："**"表示因素通过 0.01 的显著性水平检验。

数据来源：笔者总结。

根据表 8-7，在 $\alpha = 0.01$ 显著性水平下，营业收入、营业成本、折现率、营运资本增加、资本性支出对 SH 公司整体价值的上述影响均是显著的。

五、实证结果比较及结论

（一）实证结果比较分析

根据以上实证分析，比较和归纳三种敏感性分析方法应用于周期性公司估值时的优缺点、选择建议与注意事项，如表 8-8 所示。

表 8-8 实证结果比较分析表

方法	优缺点		选择建议	注意事项
	优点	缺点		
单因素敏感性分析	操作简易，直观易懂，认可度高	过于依赖假设条件，分析结果准确度有限	当不确定因素数量较少且其间关联度低时更加适用	可以满足简单、高效情形需要；对评估人员统计分析水平要求不高
双因素敏感性分析	分析结果准确度有所提高；既可考查相互独立的双因素影响，亦可考查具有关联关系的双因素影响	对不确定因素数量设定存在较大限制，与实际情况存在差距	当不确定因素数量较少且其间存在关联度时，或需要考查因素两两组合的敏感性时更加适用	对关联因素变化幅度的设定还须进一步考虑其间影响；当关联因素个数超过 2 个时，可依此类推进行三因素、四因素等敏感性分析，但过程复杂性与操作难度同时加大；对评估人员统计分析水平有较高要求

续表

方法	优缺点		选择建议	注意事项
	优点	缺点		
多因素敏感性分析——正交分析法	更贴近现实的复杂性；能更全面分析和揭示关键参数变动对公司估值结论的定性与定量影响	依然存在假设条件限制，对不确定因素间的相互独立性要求较高；操作相对复杂	当不确定因素数量较多且其间关联度较低时，或需要考查相互独立的多因素组合的敏感性时更加适用	如果因素间的实际关联度较大，将直接影响这一方法应用结果的有效性；对评估人员统计分析水平有较高要求

数据来源：笔者总结。

以上只是在假设不确定因素之间相互独立且以同速率变动情况下，对双因素敏感性分析进行模拟应用。当因素之间相互关联或者以不同速率分别变动时，双因素敏感性分析还须进一步考虑因素在相互影响后所呈现的变化率，或者以不同变化率进行更多组合后可能对分析指标产生的影响，其分析结果会更加全面和准确，但分析难度进一步加大，过程也将更加复杂。

(二) 实证分析结论

本节尝试应用敏感性分析这一不确定性分析技术，以解决周期性公司估值难题，具体结合周期性公司估值实例，对单因素、双因素、多因素等不同敏感性分析方法分别进行模拟应用和比较分析。研究发现：三种敏感性分析各有利弊，假设条件和适用范围不一，应根据实际需要选择使用。其中：单因素敏感性分析操作简易，更适用于不确定因素数量较少且其间关联度低的情形；双因素敏感性分析更适用于不确定因素数量较少且其间存在关联度，或需要考查因素两两组合敏感性的情形；多因素敏感性分析则更适用于不确定因素数量较多且其间关联度较低，或需要考查相互独立的多因素组合敏感性的情形。恰当选择和合理应用不同类型的敏感性分析方法，能够更好体现关键参数变动对公司估值结论尤其是周期性公司估值结论的影响，有利于评估委托方与报告使用者更加有效地理解和使用评估结论。

第九章　周期性公司估值与蒙特卡罗模拟

根据第八章，敏感性分析可被视为解决周期性公司估值不确定性问题的辅助工具。三种敏感性分析各有利弊，假设条件和适用范围不一。特别是在多因素敏感性分析中，一般假设同时变动的几个敏感性因素相互独立，且在实际情况中发生变动的概率大体相同，这在很大程度上限制了多因素敏感性分析在周期性公司估值中的应用。而蒙特卡罗模拟能够对多种因素的不同概率分布进行多次模拟，恰好可以弥补敏感性分析的局限性，从而满足周期性公司估值不确定性分析的高级需求。为此，本章继续讨论蒙特卡罗模拟在周期性公司估值中的应用，结合周期性公司估值实例对蒙特卡罗模拟进行应用演示和提出具体建议。

第一节　蒙特卡罗模拟在公司估值中的应用思路与步骤

本节重点针对蒙特卡罗模拟应用于公司估值的基本思路与具体步骤进行探讨。

一、蒙特卡罗模拟应用于公司估值的基本思路

蒙特卡罗模拟，又称随机模拟法，是以概率和统计理论为基础的一种计算方法。该方法将所求解的问题与某个概率模型联系在一起，在计算机上进行随机模拟，以获得问题的近似解及其分布情况。这是一种先进的数字仿真技术，其实质是利用服从某种分布的随机数来模拟现实系统中可能出现的随机现象。通常，我们对未来的情况都是不能确定的，但如果知道每一个输入变量的概率分布情况，就可以通过运用一个随机数发生器来产生具有相同概率分布的数值，重复多次给每个输入变量赋值，从而每次都会对应实际上可能发生的一种情况。通过大量次数的模拟，就可以得到结果的一个概率分布情况。

当蒙特卡罗模拟应用于公司估值领域时，其实质是通过多次模拟估值来表示结果，而不是采用单一的点估计值来表示公司价值。蒙特卡罗模拟的这种特性，恰好可以满足公司估值特别是周期性公司估值对不确定性预测的高级需求，因而具有广阔的应用空间。

二、蒙特卡罗模拟应用于公司估值的具体步骤

蒙特卡罗模拟应用于公司估值的具体操作步骤如下：

（一）构造或描述公司估值中不确定因素预测的概率模型

在进行蒙特卡罗模拟前，首先应当先对公司估值中所涉及的未来不确定因素——进行波动情况分析和概率模型构造。对于本身就具有随机性质的不确定性因素预测，主要是正确描述和模拟这个概率过程；对于本来不是随机性质的、有一定确定性的因素预测，就必须事先构造一个人为的概率模型，即要将不具有随机性质的问题转化为随机性质的问题。

（二）实现从不确定因素的已知概率分布抽样

构造概率模型以后，由于各种概率模型都可以看作由各种各样的概率分布构成，所以产生各种不确定因素已知概率分布的随机变量（或随机向量），就成为实现蒙特卡罗模拟实验的基本手段，这也是蒙特卡罗模拟被称为随机抽样的原因。最简单、最基本、最重要的一个概率分布是（0，1）上的均匀分布（或称矩形分布）。随机数就是具有这种均匀分布的随机变量；随机数序列就是具有这种分布的一个简单子样，也就是一个具有这种分布的相互独立的随机变数序列。产生随机数的问题，就是从这种分布中抽样的问题。由已知分布随机抽样有各种方法，与从（0，1）上均匀分布抽样不同，这些方法都是借助于随机序列来实现的，也就是说，都是以产生随机数为前提的。因此，随机数是实现蒙特卡罗模拟的基本工具，对于蒙特卡罗模拟在公司估值中的应用也是如此。

（三）蒙特卡罗模拟运算与公司估值结果分析

在构造各不确定因素的概率模型并能从中抽样后，计算机将根据给定规则，快速实施充分、大量的随机抽样，并对随机抽样的数据进行必要的数学计算，求

出公司估值结果的各种估计量;随后,对各估计量进行统计学处理,求出最小值、最大值以及数学期望值和单位标准偏差,并自动生成概率分布曲线和累积概率曲线,评估人员据此进行公司估值结果分析。

第二节 蒙特卡罗模拟应用于周期性公司估值的案例分析

本节结合周期性公司估值实例,具体选择某周期性上市公司(以下简称"EC公司")作为研究样本,对蒙特卡罗模拟进行应用演示。

一、蒙特卡罗模拟在周期性公司估值中的案例应用

(一)周期性公司估值实例述评

1. 研究样本及基本信息

EC公司是我国专门从事煤炭生产与经营的典型周期性上市公司,但由于公司整体规模较小,为提高公司资产质量、增强公司的持续盈利能力和长期发展潜力,其决定将截至基准日除货币资金外的全部资产及负债出售给某投资公司,同时通过发行股份购买某煤炭集团持有的优质煤炭资产,以扩大上市公司资产规模,提升上市公司盈利能力。预计重组完成后,公司盈利状况将得到改善,中小股东的利益也将得到充分体现和保障。经评估机构对拟出售资产实施清查核实、实地查勘、市场调查和询证、评定估算等评估程序,采用DCF方法对拟出售资产进行评估。评估基准日为2009年12月31日,经评估,拟出售资产账面值为6 922.71万元,评估后的价值为14 158.12万元,评估增值7 235.41万元,增值率为104.52%。

本次评估中,根据EC公司2005—2009年资产负债表、利润表和内部管理报表,综合考虑未来5年以及永续期各种相关因素的影响,预测EC公司拟出售净资产未来各年度FCFF及其现值测算结果,如表9-1所示。

表9-1 EC公司未来各年度FCFF及其现值测算表　　　　万元

项目	2010年	2011年	2012年	2013年	2014年	2015年及以后
一、营业收入	26 175.36	25 146.89	25 425.19	26 191.44	26 457.81	26 457.81
二、营业成本	13 474.76	13 338.58	13 803.88	14 439.87	14 602.47	14 602.47

续表

项目	2010 年	2011 年	2012 年	2013 年	2014 年	2015 年及以后
减：营业税金及附加	967.27	929.26	939.55	967.86	977.71	977.71
减：销售费用	1 104.40	1 018.57	998.95	1 008.47	1 008.54	1 008.54
减：管理费用	6 525.42	6 387.31	6 307.53	6 385.74	6 386.91	6 386.91
减：财务费用	37.44	37.44	37.44	37.44	37.44	37.44
减：资产减值损失	0.00	0.00	0.00	0.00	0.00	0.00
加：公允价值变动损益	0.00	0.00	0.00	0.00	0.00	0.00
加：投资收益	0.00	0.00	0.00	0.00	0.00	0.00
三、营业利润	4 066.07	3 435.73	3 337.84	3 352.06	3 444.74	3 444.74
四、利润总额	4 066.07	3 435.73	3 337.84	3 352.06	3 444.74	3 444.74
减：所得税	548.92	481	767.7	804.49	826.74	826.74
五、净利润	3 517.15	2 954.73	2 570.14	2 547.57	2 618.00	2 618.00
加：折旧	556.87	556.87	556.87	556.87	556.87	556.87
加：摊销	38.18	38.18	38.18	38.18	38.18	38.18
加：扣税后利息	32.38	32.19	28.83	28.45	28.45	28.45
减：资本性支出	-2 044.35	54.28	606.21	823.21	661.29	556.87
六、企业自由现金流	6 188.93	3 527.69	2 587.81	2 347.86	2 580.21	2 684.63
折现率	14.70%	14.70%	14.63%	14.63%	14.63%	14.63%
折现系数	0.87	0.76	0.66	0.58	0.51	3.45
七、收益现值	5 395.75	2 681.41	1 718.06	1 359.81	1 303.66	9 271.47

数据来源：EC 公司资产评估报告。

2. 样本公司估值实例述评

从 EC 公司评估报告的收益现值测算过程可以看出：①评估的详细预测期为 5 年，即 2010—2014 年；②评估假设该公司可保持长时间运行，故评估收益期按永续确定，且 2015 年及以后的永续收益与 2014 年相同，即永续增长率为 0。显然，本次评估对 EC 公司 2014 年以后未来预期收益的处理过于简单。尽管煤炭行业相对其他行业来说收益较为稳定。但随着时间的长期推移，无论是国家出台的一系列对能源资源开采的鼓励抑或是限制性的宏观政策，还是公司内部进行资产结构调整以适应其更好发展的战略方针，都必然会使其经历或多或少的收益和成本的波动。不产生任何波动的未来收益预测，一定程度上看说服力不足。因此，对于

EC公司在2014年以后永续期的净现金流量现值预测，有必要考虑其波动情况并加入不确定性分析，这可以通过蒙特卡罗模拟重新调整其预测值。其中，对于详细预测期2010—2014年所列的评估结果，仍采用原评估报告中的评估数据，不再另做分析。

（二）基于蒙特卡罗模拟的不确定性因素预测

进行蒙特卡罗模拟的第一步是对公司估值中所涉及的未来不确定因素——进行波动情况分析和概率模型构造。该样本案例中由于是采用DCF模型进行评估，因此涉及的未来的不确定性因素主要有营业收入、营业成本、营业税金及附加、销售费用、管理费用、财务费用、折旧、摊销、扣税后利息、资本性支出等。

1. 对EC公司营业收入和营业成本的波动性分析

营业收入和营业成本通常是对企业净利润额影响最大的两种因素，所以有必要对其进行重点分析。但由于EC公司是新进入煤炭行业的企业，缺乏足够的历史数据支持，难以分析其在该行业中的未来营业收入和营业成本的波动情况。对此，可以选取与其资产规模和盈利能力基本相似的可比公司来进行收入和成本的波动性分析，并将分析结论作为分析EC公司时的参照。

根据EC公司的资产规模和盈利能力，这里选取与其在重大资产重组后行业类型相一致，且总资产和净利率相当的上市公司的历史利润表数据进行分析，以推测出EC公司未来利润表各个项目数值的概率分布。通过对煤炭行业35家上市公司的基本面情况进行比较（特别是总资产规模及净利率数值的比较），这里初步选定了我国另一家煤炭业上市公司（以下简称"SC公司"）作为EC公司的可比公司。其主要原因体现为三点：①从所处行业角度看，二者均属于煤炭采选业，且业务结构相似。②从资产规模角度看，二者总资产规模相近。EC公司的总资产数额为113.17亿元，SC公司的总资产为108.62亿元。在煤炭采选业中，分别排名为18和19。③从盈利能力角度看，两者销售净利率相近。EC公司的销售净利率为15.8%，SC公司的销售净利率约为14.33%。在煤炭采选业中分别排名为13和14。

通过SPSS软件对SC公司营业收入和营业成本这两部分的数据进行概率分布统计，分析其金额的大致分布特征，从而可推断出目标公司DY公司相应项目金额的未来概率分布。SC公司1998—2009年的营业收入及营业成本情况如表9-2和表9-3所示。

表 9-2　1998—2009 年 SC 公司营业收入情况表　　　　　　　　元

年份	1998	1999	2000	2001
营业收入	1 038 477 235.34	1 029 289 813.69	1 277 861 865.48	1 473 401 261.41
年份	2002	2003	2004	2005
营业收入	1 592 855 728.14	1 722 488 494.48	2 474 901 259.90	3 715 677 728.35
年份	2006	2007	2008	2009
营业收入	4 317 229 032.22	5 204 340 022.98	6 895 108 458.17	7 330 302 932.24

数据来源：笔者总结。

表 9-3　1998—2009 年 SC 公司营业成本情况表　　　　　　　　元

年份	1998	1999	2000	2001
营业成本	669 687 453.70	674 814 840.02	884 883 598.15	1 099 759 073.35
年份	2002	2003	2004	2005
营业成本	1 244 638 254.52	1 717 176 567.36	2 686 349 860.79	3 715 677 728.35
年份	2006	2007	2008	2009
营业成本	3 101 626 745.85	3 856 565 949.12	4 561 036 746.26	5 188 841 223.56

数据来源：笔者总结。

运用 SPSS 对 SC 公司营业收入进行 K-S 单样本检验。通过该检验研究样本观察值的分布和指定的理论分布是否吻合，即利用样本数据推断其是否来自指定分布的总体。在 SPSS 软件中一共给出了 4 种指定分布，分别为正态分布、均匀分布、指数分布、泊松分布。在对上述营业收入进行检验时，选定的单侧显著性水平为 0.05，且原假设和备择假设分别为：

H0：SC 公司 1998—2009 年的营业收入服从正态分布。

H1：SC 公司 1998—2009 年的营业收入不服从正态分布。

SC 公司营业收入的 K-S 单样本检验结果如表 9-4 所示。从表 9-4 可以看出，该组数据的均值为 3 236 100 000，标准差为 2 388 650 000，双侧渐近显著性水平为 0.345；由于这里所选定的单侧显著性水平为 0.05，且 0.345>0.1，进而可得结论：检验不显著，无理由拒绝原假设，即认为 SC 公司 1998—2009 年的营业收入和正态分布没有显著差异。由此可知，SC 公司 1998—2009 年的营业收入来自正态总体 N（3 236 100 000，2 388 650 000^2）。

表 9 – 4　1998—2009 年 SC 公司营业收入的 K – S 单样本检验结果

One – Sample Kolmogorov – Smirnov Test			
			VAR00004
N			11
Normal Parameters[a,b]		Mean	3.2361E9
		Std. Deviation	2.38865E9
Most Extreme Differences		Absolute	0.282
		Positive	0.282
		Negative	−0.178
Kolmogorov – Smirnov Z			0.936
Asymp. Sig. (2 – tailed)			0.345
a. Test distribution is Normal.			
b. Calculated from data.			

数据来源：笔者总结。

同理，继续对 SC 公司营业成本进行 K – S 检验，检验结果如表 9 – 5 所示。根据表 9 – 5，SC 公司 1998—2009 年的营业成本来自正态总体 N（2 224 600 000，1 608 620 000^2），同样服从正态分布。

表 9 – 5　1998—2009 年 SC 公司营业成本的 K – S 单样本检验结果

One – Sample Kolmogorov – Smirnov Test			
			VAR00006
N			12
Normal Parameters[a,b]		Mean	2.2246E9
		Std. Deviation	1.60862E9
Most Extreme Differences		Absolute	0.229
		Positive	0.229
		Negative	−0.167
Kolmogorov – Smirnov Z			0.793
Asymp. Sig. (2 – tailed)			0.556
a. Test distribution is Normal.			
b. Calculated from data.			

数据来源：笔者总结。

根据上述分析，由于 SC 公司与 EC 公司具有较好的可比性，假定 EC 公司未来可持续状态的营业收入及营业成本的金额也符合相应的正态分布，而并非是原评估报告中的分别保持在 2014 年的预测值 26 457.18 万元和 14 602.47 万元。为更好地表示出这种正态概率的波动性，这里假设 EC 公司在 2014 年之后每一年的营业收入和营业成本分别服从期望值为 26 457.18 万元和 14 602.47 万元的正态分布。即在原评估值的基础上，赋予其一定程度的随机波动概率。

2. 对 EC 公司其他不确定性因素的波动性分析

相对于营业收入与营业成本对净利润影响程度的显著性，EC 公司作为煤炭企业，其销售费用、管理费用、营业税金及附加数额相对较小，且基本保持稳定。尽管也存在波动，但波动范围不大，总体来说概率分布均匀。因此，在原报告评估值的基础上，赋予其一定范围内的均匀分布概率，且具体范围由原评估报告值确定，即假设 EC 公司的销售费用、管理费用、营业税金及附加在 2014 年以后服从一定范围内的均匀分布，且该范围由原报告中预测值的最大值和最小值决定。于是，2014 年之后每一年的销售费用在 [998.95, 1 104.4] 范围内服从均匀分布，每一年的管理费用在 [6 307.53, 6 525.42] 范围内服从均匀分布；每一年的营业税金及附加在 [929.26, 977.71] 范围内服从均匀分布。而财务费用、折旧、摊销、扣税后利息、资本性支出的金额相对较少，对净利润的影响并不显著，因此，这里仍采用原报告中 2014 年的数值，且未来保持不变。

此外，对于 EC 公司未来永续增长率和加权平均资本成本的概率分布，假设二者在 2014 年以后均服从三角形概率分布特征。三角形分布是一种简单的分布形式，适合于数据缺乏，但能得到变量的最大值、最小值和最可能值的情况，也是不确定性分析中常用的一种分布形式。尤其当变量的分布形式集中，分析者可以估计变量范围的极值，而极值的概率又很低时，三角形分布更能确切地反映变量的分布。这对于公司估值中未来永续增长率及加权平均资本成本的估算尤为合适。从某种程度上看，三角形分布或许是最接近于估值人员思维决策过程的一种概率估计。当估值人员对未来收益进行预测时，如果缺乏足够充分的市场信息，估算出来的数值将会存在更大的不确定性，但估值人员又很难用标准差去描述这些不确定性，恰恰是只能大概估计出因素的最大值、最小值和最可能值，这时，三角形分布似乎更适合于这种情况下的数据分析。因此，对于 EC 公司的永续增长率，可以假设其永续增长率的变化范围为 [−1%, +1%]，且最可能值为原评估报告中的 0%；而对于 EC 公司的加权平均资本成本，可以假设其在 2014 年以后的最大值为16%，最小值为13%，最可能值为原评估报告中的14.36%。

本部分关于EC公司估值中各不确定因素的概率分布情况预测可归纳如表9-6所示。

表9-6　EC公司估值中各不确定因素的概率分布情况预测表　　　　万元

项目	分布特征	数据值
营业收入	正态分布	期望值26 457.18
营业成本	正态分布	期望值14 602.47
营业税金及附加	均匀分布	变化范围[929.26，977.71]
销售费用	均匀分布	变化范围[998.95，1 104.4]
管理费用	均匀分布	变化范围[6 307.53，6 525.42]
财务费用	保持不变	37.44
折旧	保持不变	556.87
摊销	保持不变	38.18
扣税后利息	保持不变	28.45
资本性支出	保持不变	556.87
永续增长率	三角形分布	最大值1%，最小值-1%，最可能值0%
加权平均资本成本	三角形分布	最大值16%，最小值13%，最可能值14.36%

数据来源：笔者总结。

（三）蒙特卡罗模拟运算与公司估值结果比较分析

1. 蒙特卡罗模拟运算

这里，我们以美国Decisioneering公司开发的Crystal Ball 11.1.1（水晶球）分析软件作为蒙特卡罗模拟软件。分别将表9-6中的12个项目设定为assumption，并分别设置好相应的概率分布情况，将2014年之后的收益现值设定为forecast，将模拟次数设定为1000次，置信区间设定为95%，确定水平为100%；之后运行模型程序，输出结果如图9-1所示。

图9-1（Frequency view）是Crystal ball 11.1.1软件对定义数据模拟1 000次（1 000 Trials）后对EC公司2014年以后收益现值的预测图，共显示997个模拟结果，结果中有3个异常值未列入模拟，即模拟结果代表了对99.7%数据的统计分析。100%的确定性水平说明997个模拟结果100%都落在蓝色的区域范围之内。但图9-1中显示的仅是结果数据概率分布的一个大致特征，基本服从正态分

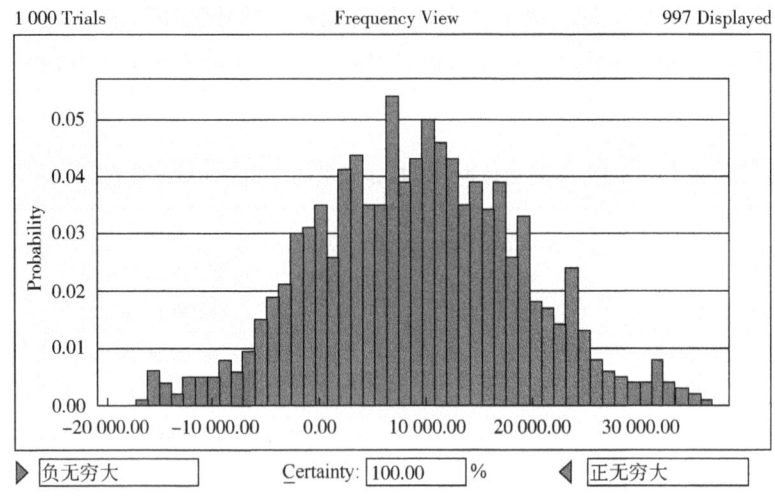

图9-1 蒙特卡罗模拟结果概率分布图

数据来源：笔者总结。

布。为了使结果更清晰地展现出来，可进一步分析表9-7中的数据输出结果（Statistics view）。

表9-7 蒙特卡罗模拟数据输出结果

Statistics View	
Statistic（统计值）	Forecast values（预测值）
Trials（模拟次数）	1 000
Mean（平均值）	8 615.75
Median（中位数）	8 674.38
Mode（模式）	—
Standard Deviation（标准差）	10 033.74
Variance（方差）	100 675 883.91
Skewness（偏态）	0.050 4
Kurtosis（峰值）	3.03
Coeff of Variability（变异系数）	1.16
Minimum（最小值）	-21 555.19
Maximum（最大值）	47 168.50
Mean Std. Error（均值标准差）	317.29

数据来源：笔者总结。

根据表 9-7 所列数据可见，模拟结果的平均值为 8 615.75 万元，中位数为 8 674.38 万元，标准差为 10 033.74 万元，评估结果的波动范围为（-21 555.19，47 168.50）。因此，可以得出结论：EC 公司 2014 年以后收益现值的最可能值为 8 615.75 万元；并且，在 95% 置信水平下的价值区间为 -21 555.19～47 168.50，充分反映了公司估值不确定性的存在。

2. 公司估值结果比较分析

进一步将 EC 公司基于蒙特卡罗模拟的预测结果与原评估报告数据结果进行比较发现，原评估报告中对 EC 公司 2014 年以后收益现值的预测值为 9 271.47 万元，而蒙特卡罗模拟分析在考虑相关因素的波动性概率后，模拟结果为 8 615.75 万元，二者相差约 655.72 万元。这种差异即源自公司估值相关因素的未来不确定性，具体归纳如表 9-8 所示。

表 9-8　EC 公司估值参数及结果（2014 年以后阶段）比较表　　　万元

项目	原评估报告预测值	基于蒙特卡罗模拟的预测值
营业收入	26 457.81	服从期望值为 26 457.18 的正态分布
营业成本	14 602.47	服从期望值为 14 602.47 的正态分布
营业税金及附加	977.71	变化范围 [929.26，977.71] 的均匀分布
销售费用	1 008.54	变化范围 [998.95，1104.4] 的均匀分布
管理费用	6 386.91	变化范围 [6 307.53，6 525.42] 的均匀分布
财务费用	37.44	37.44
折旧	556.87	556.87
摊销	38.18	38.18
扣税后利息	28.45	28.45
资本性支出	556.87	556.87
永续增长率	0%	服从最大值 1%，最小值 -1%，最可能值 0% 的三角形分布
加权平均资本成本	14.63%	服从最大值 16%，最小值 13%，最可能值 14.36% 的三角形分布
收益现值	9 271.47	最可能为 8 615.75，在 95% 置信水平下的价值波动区间为 -21 555.19～47 168.50，标准差为 10 033.74

数据来源：笔者总结。

二、案例分析结论及建议

通过 EC 公司估值过程与结果比较可见，蒙特卡罗模拟的不确定分析在很大程度上与公司估值的不确定性预测行为相一致，并从理论上较好满足了包括周期性公司估值在内的公司估值不确定性分析的高级需求。其中，蒙特卡罗模拟具体通过预测多种不确定性因素的不同波动范围和概率分布来进行多次模拟，以此得出相应结果的波动范围和最可能值，使因素预测值及估值结果避免过于单一化和绝对化，有利于提高公司估值预测的合理性和估值结果的说服力。

但是，在蒙特卡罗模拟应用于周期性公司估值的过程中，对于未来不确定性因素的数值概率分布假设问题，仍然有赖于更全面、翔实的理论分析和数据支持，以求更加合理地将其应用于周期性公司估值实践。

第四篇 周期性公司估值研究展望

第十章 周期性公司估值框架构建

第十一章 研究结论与展望

第十章　周期性公司估值框架构建

前已述及,周期性行业的运动状态和企业价值更易受到宏观经济波动影响;而当前剧烈波动的新经济环境进一步加剧了周期性公司的估值难度。评估实践中,估值机构和估值人员一方面特别强调宏观经济因素影响的重要性,另一方面对宏观经济因素的考量又往往流于形式,基本止步于宏观经济环境定性分析层面,由此导致企业价值被高估或低估问题层出不穷。既有研究虽然揭示了宏观经济预测在周期性公司估值中的重要性,实证分析了部分宏观经济变量对企业股票价格、资产价格等指标的影响,为后续研究积累了宝贵素材,不过在宏观经济因素与周期性公司价值的关联问题上还值得延伸,在如何识别和度量宏观经济因素对周期性公司估值的影响方面还有待细化。本书第五章已立足收益途径之折现率视角,部分考察宏观经济因素对周期性公司估值折现率的影响,探讨 APT 应用于周期性公司折现率测算的适用性。本章拟在此基础上,从系统性研究目标出发,尝试构建周期性公司估值的整体框架,特别是将宏观经济因素合理纳入其中,分别提出两种宏观经济因素考量视角下的收益途径应用思路和市场途径应用思路,为后续进一步深入宏观经济因素与周期性公司估值的联动研究奠定基础。

第一节　基于周期性公司估值框架构建的实证研究

本节重点围绕宏观经济因素与周期性公司价值指标之间的关联关系展开实证研究,从而为周期性公司估值框架的构建提供思路与依据。

一、理论分析与研究设计

(一)理论分析与研究假设

虽然典型的周期性行业又可进一步细分为采矿、钢铁、水泥、石化等具体行业，但针对这类行业所具有的周期性共性特征，挖掘和构建在周期性公司估值中对宏观经济因素考量的基本框架，并以此为基础将相关理论应用于估值实践则显得十分必要。与此同时，宏观经济现象错综复杂且类型多样，所以刻画这些现象的宏观经济指标范围广泛、多种多样，其对不同周期性行业的影响也就不可等同视之。于是，框架构建的前提应该首先是识别和聚焦显著影响周期性公司价值的宏观经济因素，为周期性公司估值中的宏观经济因素考量提供依据。

对此，借鉴并区别于已有研究，笔者拟从股价走势和估值水平两个视角出发，以具有典型代表性的采矿业上市公司为研究对象，选取2006—2013年[①]的统计数据，对主要宏观经济指标与采矿业上市公司价值指标的相关关系进行实证检验和相互验证，并参考现有文献提出以下研究假设：

假设1：部分宏观经济指标对采矿业上市公司股价走势具有较强的解释能力。

假设2：部分宏观经济指标对采矿业上市公司估值水平具有较强的解释能力。

假设3：宏观经济指标对采矿业上市公司股价走势和估值水平的影响趋于一致。

（二）指标选取与数据来源

1. 宏观经济指标

根据国家统计局对宏观经济指标的分类并结合同花顺、国泰安等数据库对该类指标的统计，笔者将宏观经济指标划分为7类，用以描述宏观经济环境的各个方面，主要包括宏观经济综合指标、价格水平指标、国内贸易指标、对外经济指标、金融类指标、工业类指标和财政类指标。其中，宏观经济综合指标用于描述宏观经济总体情况，价格水平指标用于反映物价变动情况，国内贸易指标用于反映国内消费需求和投资需求情况，对外经济指标用于反映我国对外贸易情况，金融类指标用于反映货币供应量、利率、汇率等货币政策调控情况，工业类指标用于反映工业发展情况，财政类指标则用于反映国家财政收支结余等财政政策调控情况。这7类宏观经济指标进一步由若干项具体指标构成。笔者从中选取20项具有代表性的具体指标，并以其在2006—2013年的月度数据作为宏观经济因素的样

[①] 选取2006—2013年的数据作为实证研究的样本，主要是由于在2006年股权分置改革完成之前，大规模的国有股减持导致股票市场的价格信号扭曲，2006年以后的股票市场运行机制与2005年以前已经完全不同，所以2006年时点前后的经验数据的可比性较弱。

本数据，如表 10-1 所示。相关数据来源于国家统计局网站、中经网数据库和人民网宏观经济数据库。

表 10-1 宏观经济指标选取类别

序号	指标类别	具体指标
1	宏观经济综合指标	国内生产总值、宏观经济景气指数、制造业采购经理人指数
2	价格水平指标	消费者物价指数、生产者价格指数
3	国内贸易指标	社会消费品零售总额、全社会固定资产投资额
4	对外经济指标	进出口总额
5	金融类指标	货币供应量 M0、货币供应量 M1、货币供应量 M2、贷款基准利率、存款基准利率、美元兑换人民币汇率
6	工业类指标	工业增加值增速、工业发电量、工业发电量同比增长
7	财政类指标	国家财政收入、国家税收收入、国家财政支出

数据来源：笔者总结。

2. 采矿业上市公司股价走势指标

对于上市公司而言，股价是其价值的直接反映，也是对其收益的间接反映，同时也侧面体现出人们对企业价值的判断和预期。考虑到上证周期行业 50 指数和沪深 300 周期行业指数挑选了我国规模较大、流动性好、具有周期行业特征的公司股票组成其样本股，笔者选择截至 2013 年 7 月同属于上证周期行业 50 指数和沪深 300 周期行业指数样本股的 15 家采矿业上市公司作为研究样本，并进一步整合计算样本上市公司的综合股价指数作为采矿业上市公司股价走势指标。相关数据来源于同花顺数据库。15 家样本上市公司信息详见表 10-2。

表 10-2 采矿业上市公司研究样本

序号	证券代码	证券简称	序号	证券代码	证券简称	序号	证券代码	证券简称
1	600028	中国石化	6	600489	中金黄金	11	601857	中国石油
2	600123	兰花科创	7	600547	山东黄金	12	601898	中煤能源
3	600188	兖州煤业	8	601088	中国神华	13	601899	紫金矿业
4	600348	阳泉煤业	9	601699	潞安环能	14	601958	金钼股份
5	600395	盘江股份	10	601808	中海油服	15	603993	洛阳钼业

数据来源：笔者总结。

选取 2006 年 1 月个股收盘价作为各样本公司的基期股票价格，根据报告期股票的成交量计算权重，然后对 2006 年 1 月—2013 年 12 月的 15 家样本公司的股票价格进行整合，逐一核算出适用于本研究的综合股价指数月度数据。其核算方法是加权算术平均法，具体公式如下：

$$K_P = \frac{\sum p_{1_i} q_i}{\sum p_{0_i} q_i}, i = 1, 2, \cdots, n \qquad (10-1)$$

式中：K_p 为股价指数；p_{0_i}，p_{1_i} 分别表示基期和报告期的股票价格；q_i 表示报告期的股票成交量。

3. 采矿业上市公司估值水平指标

价值比率是衡量企业估值水平的常用指标，具体包括市盈率、市净率等。其中，市盈率是被普遍应用的估值指标，但对于周期性较强的行业，经济周期变动易导致企业收益出现明显起落，甚至成为负值，此时使用市盈率进行估值的可操作性降低，市净率则成为更可靠的估值指标之一；并且，市净率受到企业会计制度和政策规定的影响弱于市盈率，也不易受到企业利润可能被人为操纵的干扰，估值结果一般而言更客观。所以，笔者在此选择市净率即每股股价与每股净资产的比率，作为衡量采矿业上市公司估值水平的分析指标，并具体选取 2006 年 1 月—2013 年 12 月采矿业行业市净率的月度数据作为样本数据。相关数据来源于同花顺数据库。

二、宏观经济因素与周期性公司价值指标关联研究

（一）变量描述性统计

运用 SPSS19.0 软件对 2006 年 1 月—2013 年 12 月①的 15 家样本上市公司综合股价指数、采矿业行业市净率和 20 项宏观经济指标进行描述性统计分析。分析结果详见表 10-3。

---

① 因国家统计局统计方式所致，2012 年度和 2013 年度的社会消费品零售总额均只发布 3—12 月数据，故该项样本数据为 92 个；每年度的全社会固定资产投资额和工业增加值增速只发布 2—12 月数据，故该两项样本数据均为 88 个；2013 年度的工业产品发电量和工业产品发电量同比增长只发布 3—12 月数据，故该两项样本数据均为 94 个；国家税收收入在 2009 年（含）以前只发布 1—11 月数据，2010 年开始发布全年数据，故该项样本数据为 92 个；其余指标样本数据均为 96 个。

表 10-3 描述性统计分析

指标	指标名称	样本数	均值	最大值	最小值	标准差	偏度	峰度
Y_1	股价指数	96	211.72	556.33	76.81	95.54	1.41	2.37
Y_2	行业市净率	96	3.53	10.77	1.43	1.92	1.63	2.73
X_1	国内生产总值（千亿元）	96	32.29	61.77	14.39	11.38	0.58	-0.22
X_2	宏观经济景气指数	96	101.05	121.30	73.30	12.29	-0.30	-0.85
X_3	制造业采购经理人指数	96	52.41	59.20	38.80	3.18	-1.19	4.11
X_4	消费者物价指数	96	103.18	108.70	98.20	2.41	0.10	-0.20
X_5	生产者价格指数	96	101.88	110.06	91.80	4.59	-0.34	-0.75
X_6	社会消费品零售总额（千亿元）	92	12.01	23.06	5.78	4.54	0.45	-0.87
X_7	全社会固定资产投资总额（千亿元）	88	21.57	50.11	5.29	11.45	0.55	-0.72
X_8	进出口总额（千亿元）	96	16.37	23.84	8.52	3.95	0.06	-1.15
X_9	货币供应量 M0（千亿元）	96	39.63	62.45	23.47	11.01	0.27	-1.17
X_{10}	货币供应量 M1（千亿元）	96	213.59	337.26	104.36	71.07	-0.02	-1.48
X_{11}	货币供应量 M2（千亿元）	96	640.50	1 106.51	303.57	247.50	0.30	-1.21
X_{12}	贷款基准利率（%）	96	6.17	7.47	5.31	0.64	0.67	-0.32
X_{13}	存款基准利率（%）	96	2.99	4.14	2.25	0.60	0.49	-0.74
X_{14}	美元兑换人民币汇率	96	6.89	8.07	6.12	0.59	0.68	-0.74
X_{15}	工业增加值增速（%）	88	13.40	20.10	5.40	3.56	-0.06	-0.94
X_{16}	工业产品发电量（千亿千瓦时）	94	3.28	4.99	1.96	0.73	0.17	-0.87
X_{17}	工业产品发电量同比增长（%）	94	9.82	36.45	-11.80	7.75	0.04	1.59
X_{18}	国家财政收入（千亿元）	96	6.80	13.66	2.53	2.86	0.47	-0.67
X_{19}	国家税收收入（千亿元）	92	6.06	12.03	2.27	2.44	0.52	-0.48
X_{20}	国家财政支出（千亿元）	96	7.21	25.01	1.56	4.55	1.52	2.75

数据来源：笔者总结。

（二）宏观经济因素与采矿业上市公司价值指标之间相关关系的实证检验

借助 SPSS19.0 软件，将样本上市公司综合股价指数、采矿业行业市净率分别与 20 项宏观经济指标进行相关性分析，通过计算特定指标之间的 Pearson 相关系数，以及采用双侧检验方法检验相关系数的显著性水平，量化分析宏观经济因素对采矿业上市公司股价走势和估值水平的影响。相关性分析结果详见表 10-4。

表 10-4 变量相关性分析结果

指标	相关系数 $r(Y_1)$	双尾检验 $p(Y_1)$	相关系数 $r(Y_2)$	双尾检验 $p(Y_2)$	指标	相关系数 $r(Y_1)$	双尾检验 $p(Y_1)$	相关系数 $r(Y_2)$	双尾检验 $p(Y_2)$
X_1	-0.327**	0.001	-0.359**	0.000	X_{11}	-0.408**	0.000	-0.438**	0.000
X_2	0.609**	0.000	0.655**	0.000	X_{12}	0.441**	0.000	0.533**	0.000
X_3	0.386**	0.000	0.383**	0.000	X_{13}	0.391**	0.000	0.466**	0.000
X_4	0.424**	0.000	0.505**	0.000	X_{14}	0.228*	0.025	0.271**	0.008
X_5	0.232*	0.023	0.300**	0.003	X_{15}	0.483**	0.000	0.541**	0.000
X_6	-0.390**	0.000	-0.418**	0.000	X_{16}	-0.278**	0.007	-0.282**	0.006
X_7	-0.435**	0.000	-0.444**	0.000	X_{17}	0.295**	0.004	0.313**	0.002
X_8	-0.275**	0.007	-0.263**	0.010	X_{18}	-0.287**	0.005	-0.296**	0.003
X_9	-0.363**	0.000	-0.403**	0.000	X_{19}	-0.246*	0.018	-0.266*	0.010
X_{10}	-0.337**	0.001	-0.378**	0.000	X_{20}	-0.250*	0.014	-0.299**	0.003

注：其中，"*"表示相关系数通过 0.05 的显著性水平检验，"**"表示相关系数通过 0.01 的显著性水平检验。后者的统计检验更为精确。

数据来源：笔者总结。

根据表 10-4 可以看出，2006 年 1 月—2013 年 12 月期间：

第一，采矿业上市公司综合股价指数与 6 项宏观经济指标的 Pearson 相关系数为 $0.4 \leq |r| < 0.7$ 且 P 值 < 0.01，呈显著的中度线性相关；其中，按 $|r|$ 由大到小排序，其与宏观经济景气指数、工业增加值增速、贷款基准利率、消费者物价指数之间为中度线性正相关关系，与全社会固定资产投资额、货币供应量 M2 之

间为中度线性负相关关系。其他 14 项宏观经济指标与综合股价指数的 Pearson 相关系数为 $|r|<0.4$ 且 P 值 <0.01 或 0.05，呈显著的低度线性相关。据此说明，部分宏观经济指标与采矿业上市公司股价走势存在较强的线性相关关系。验证假设 1。

第二，采矿业行业市净率与 9 项宏观经济指标的 Pearson 相关系数为 $0.4\leqslant|r|<0.7$ 且 P 值 <0.01，呈显著的中度线性相关；其中，按 $|r|$ 由大到小排序，其与宏观经济景气指数、工业增加值增速、贷款基准利率、消费者物价指数、存款基准利率之间为中度线性正相关关系，与全社会固定资产投资额、货币供应量 M2、社会消费品零售总额、货币供应量 M0 之间为中度线性负相关关系。其他 11 项宏观经济指标与行业市净率的 Pearson 相关系数为 $|r|<0.4$ 且 P 值 <0.01 或 0.05，呈显著的低度线性相关。据此说明，部分宏观经济指标与采矿业上市公司估值指标存在较强的线性相关关系。验证假设 2。

第三，与采矿业上市公司股价走势呈较强相关关系的 6 项宏观经济指标和与其估值指标呈较强相关关系的 9 项宏观经济指标都主要集中在宏观经济综合指标、工业类指标、金融类指标、价格水平指标和国内贸易指标等五个类别，尤其体现为宏观经济综合指标中的宏观经济景气指数、工业类指标中的工业增加值增速、金融类指标中的贷款基准利率和货币供应量 M2、价格水平指标中的消费者物价指数，以及国内贸易指标中的全社会固定资产投资额。从股价走势和估值水平两个视角看，这 6 项指标与采矿业上市公司价值指标之间不仅相关性程度的大小和排序相似，而且变动方向也非常一致。此外，对外经济指标和财政类指标的影响则相对较弱。可见，宏观经济指标对采矿业上市公司股价走势和估值水平的影响趋于一致。验证假设 3。

（三）实证分析结论

由此可知，在采矿业企业估值中，宏观经济因素是不可忽视的重要变量；对于宏观经济景气指数、工业增加值增速、贷款基准利率、货币供应量 M2、消费者物价指数、全社会固定资产投资额这 6 项影响显著的共性指标，在具体估值过程中应当予以重点关注和合理考量。而对于其他周期性行业，同样可以参照这一实证分析思路，推而广之应用于对具体宏观经济因素的识别方面，并作为估值过程中的宏观经济因素考量依据。

第二节 宏观经济因素考量视角下的周期性公司估值框架构建

鉴于收益途径和市场途径在周期性公司估值中的适用性较强，本节将进一步结合其参数测定问题，尝试构建将宏观经济因素合理纳入周期性公司估值过程的基本框架。

一、周期性公司收益途径估值框架

公司估值中的收益途径，也称为绝对估值途径，是指通过将被评估公司预期收益资本化或折现以确定评估对象价值的评估思路。以收益途径中常用的 FCFE 模型为例，其基本思路可以用公式表示为：

$$V = \sum_{t=1}^{n} \frac{\text{FCFE}_t}{(1+r)^t} \qquad (10-2)$$

式中：V 代表公司价值；FCFE_t 代表第 t 期公司自由现金流；r 代表折现率；t 代表期数。

预期收益、折现率和收益期是收益途径的核心估值参数。参数选取差异对最终的企业估值结果将产生显著影响，所以，周期性公司估值更应关注宏观经济波动对这些估值参数可能产生的影响。如果以采矿业为例，则应特别关注宏观经济景气指数、工业增加值增速、贷款基准利率、货币供应量 M2、消费者物价指数、全社会固定资产投资额等指标对采矿业企业预期收益和折现率的影响。

应用收益途径进行周期性公司估值时，一方面，建议在前期实证分析的基础上，针对影响显著的宏观经济指标，进一步构建多元回归模型，分别测算宏观经济指标对周期性公司预期收益和折现率的影响弹性，然后根据评估时点的宏观经济环境对预期收益和折现率指标分别进行修正，进而对周期性公司在不考虑宏观经济影响前提下的原估值结果进行调整，最后计算得到估值结果；另一方面，建议进一步结合宏观经济指标的潜在变化趋势，对周期性公司预期收益和折现率分别进行波动性分析，并在应用估值模型代入数据、输出结果的过程中，纳入对第九章中蒙特卡罗模拟方法的使用,考察宏观经济指标变化可能对估值结果产生的影响,以此得到周期性公司价值的区间值和概率分布,为进一步的交易决策提供依据。这两种对宏观经济因素的考量思路归纳如图 10 – 1 所示。

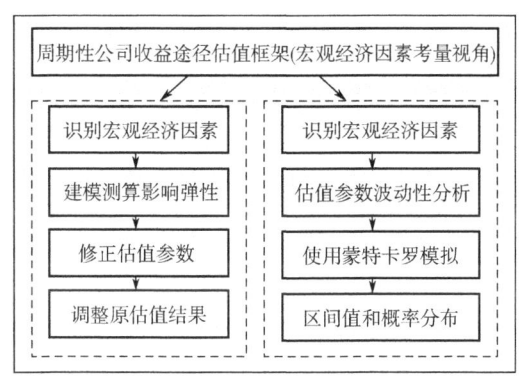

图 10 – 1　宏观经济因素考量视角下的周期性公司收益途径估值框架

数据来源:笔者总结。

二、周期性公司市场途径估值框架

公司估值中的市场途径,也称为相对估价途径,是指通过将被评估公司与可比公司或可比交易进行比较和调整以确定被评估公司价值的评估思路。价值比率是将被评估公司与可比公司或可比交易进行对比分析的基础。其基本流程是通过上市公司的公开数据或者可比对象的交易数据,计算可比对象的价值比率,然后将其应用到被评估公司中,从而倒推出被评估公司的价值。其基本思路可以用公式表示为:

$$V_1 = \frac{V_2}{X_2} \times X_1 \qquad (10-3)$$

式中:V_1 表示被评估公司价值;X_1 表示被评估公司价值相关的可比指标;V_2 表示可比公司价值;X_2 表示可比公司价值相关的可比指标;V_1/X_1 和 V_2/X_2 为价值比率。

价值比率是市场途径的核心估值参数,其测定直接关系到被评估公司估值结果的合理性。应用市场途径进行周期性公司估值时,宏观经济波动对价值比率可能产生的影响不容忽视。同样,如果以采矿业为例,其公司估值应当合理把握上述6项宏观经济指标对市净率等价值比率的影响。

当采用可比公司数据计算价值比率时,一般会针对可比公司群同时估算出若干个同一种类的价值比率,然后采用算术平均数法、加权算数平均法、中位数或众数法等方法分析、协调和确定被评估公司价值比率,或运用回归分析法使用全行业数据回归分析得到。后者的分析难度和工作量更大,但更有利于排除一些个别因素所造成的误差影响。对于周期性公司估值,建议优先采用回归分析法,并且在构建多元回归模型的过程中,除了考虑影响特定价值比率的常规变量外,还应引入影响显著的宏观经济变量和适当扩大研究样本的时间跨度进行分析测算。

当采用可比交易数据计算价值比率时,可比交易与被评估公司之间的各种因素差异客观存在,评估人员一般需要针对差异项逐一进行适当调整。对周期性公司进行差异项调整时,除了考虑影响特定价值比率的常规因素差异外,建议增加考察被评估公司与可比交易所处宏观经济环境的因素差异,并编制宏观经济指标的修正系数表对价值比率进行调整。对于修正系数表,可以在前期实证分析的基础上,针对影响显著的宏观经济指标,进一步构建多元回归模型,测算宏观经济指标对周期性公司价值比率的影响弹性,据此得到宏观经济指标的修正系数并编制差异项调整所需的修正系数表。

两种情形下对宏观经济因素的考量思路归纳如图10-2所示。

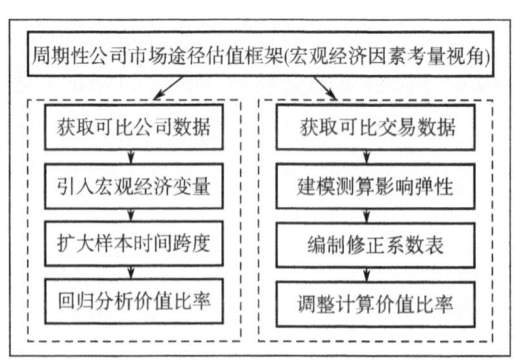

图10-2 宏观经济因素考量视角下的周期性公司市场途径估值框架

数据来源:笔者总结。

三、结论及展望

构建周期性公司估值框架的前提是识别和聚焦显著影响周期性公司价值的宏观经济因素,为周期性公司估值中的宏观经济因素考量提供依据。为此,本章首先从股价走势和估值水平两个视角考察其影响,具体以采矿业上市公司为研究对象,对宏观经济指标与采矿业上市公司价值指标的相关关系进行实证检验和相互验证。结果表明:①6项宏观经济指标对采矿业上市公司股价走势具有较强的解释能力;②9项宏观经济指标对采矿业上市公司估值水平具有较强的解释能力;③宏观经济指标对采矿业上市公司股价走势和估值水平的影响趋于一致。其次,本章结合适用性较强的收益途径和市场途径的参数测定问题,试图构建将宏观经济因素合理纳入周期性公司估值过程的基本框架,并分别提出两种宏观经济因素考量视角下的收益途径应用思路和市场途径应用思路。

希冀上述研究结论能够在一定程度上拓展现有公司估值理论,尤其是周期性公司估值理论,同时为公司价值管理、投资者定价决策和专业机构估值等提供借鉴。而围绕基本估值框架进一步对不同周期性行业开展细分研究,从而在一般性框架的基础上,探求适用于周期性行业及其细分市场的估值模型,有必要在未来的研究中予以深化。

第十一章 研究结论与展望

第一节 主要研究结论

针对周期性公司估值问题,本书展开一系列理论与实证研究,形成了以下主要研究结论:

一、关于周期性行业的范围界定与演进轨迹

一方面,围绕目前在我国应用较为普遍的两种行业分类方法——深证指数分类法和《国民经济行业分类》(GB/T 4754—2011)中提出的分类法,研究提出周期性行业的范围界定标准,即基于深证指数分类法和 CSMAR 数据库行业指标的 6 类行业下 63 个细分行业,以及基于国家标准〔2011〕的 12 个门类下 53 个大类行业可被纳入周期性行业范畴。另一方面,通过梳理我国周期性行业的演进轨迹,研究发现:我国周期性行业总体规模稳步增长,占比地位举足轻重;各细分行业演进轨迹特征分明;在不同规则下,工业、制造业占比排名分别领先,个别行业在占比排名方面开始出现分化;周期性行业产业转型升级提速,并购市场量价齐升,在我国整个并购市场中占据主导地位。

二、关于周期性公司估值的关键参数及其影响

在总结相关文献研究的基础上,本研究认为,收益途径在周期性公司估值中的适用性最强,未来收益额、折现率和收益期是其估值模型的三大核心参数。采用收益途径对公司估值时,参数选取对估值结果的影响十分显著,细微的参数取

值不当即可能导致公司估值结果产生重大误差。而这一结论对于参数波动性更加显著的周期性公司估值而言更为适用，也更加说明参数的适当选取与测算对周期性公司合理估值的关键作用。因此，对于周期性公司，更应关注经济波动情形下折现率等估值参数的选取和测算对价值评估可能产生的影响。

三、关于资本资产定价模型在周期性公司估值折现率测算中的应用

CAPM 采用 Beta 系数对资产系统性风险进行测度，在公司估值实务中受到广泛应用，而 Beta 系数可能具有的跨期时变特征导致 CAPM 受到质疑。对此，本研究发现：一方面，"Beta 系数是否稳定"不可一概而论，具体结论可能因样本而异、因期限而异、因方法而异；另一方面，Beta 系数跨期时变、时间要素设定差异关系到系统性风险度量及周期性公司估值结果的精确度。因此，在周期性公司估值中，若应用 CAPM 测算折现率，应当审慎设定时间要素，以提高 Beta 系数的稳定性，同时降低系统性风险度量及周期性公司估值误差，进而提高 Beta 系数的解释能力及 CAPM 的有效性。其中，"5~10 年"是更为可取的 Beta 系数估计时段，应优先选择以"周"为单位的收益率度量时限，其次是以"月"为单位。此外，对于周期性公司估值中的折现率测算难题，也可以尝试从多种 CAPM 拓展模型的优先选择与可行性分析入手以寻求化解路径。

四、关于套利定价模型在周期性公司估值折现率测算中的应用

APT 虽然在理论上具有优越性，但在公司估值实务中存在应用难度与争议。对此，本研究发现：APT 对我国沪深 A 股市场中周期性行业的应用效果，因不同样本行业而异，因样本的不同回归期限和收益率度量时限而异。所以，"APT 对我国沪深 A 股市场中周期性行业是否有效"不可一概而论，其适用性很大程度上受到具体行业及回归样本的时间要素设定标准的影响。在具体估值实践中，为合理考量宏观经济因素对周期性公司估值折现率的影响，评估人员可以尝试多种周期性行业或公司样本选择、宏观经济因素选择、多元回归模型构建的方式，力求构建适用性最佳的 APT 折现率测算模型。

五、关于退出倍数法在周期性公司估值收益额测算中的应用

退出倍数法综合采用收益法和市场法的估值思路，为公司估值尤其是周期性公司估值提供了新的路径，但其现有的理论体系与文献研究却较为薄弱，尚不足以支撑对退出倍数法进行合理使用的操作指导性需求。对此，本研究提出：恰当运用退出倍数法进行公司估值，一方面避免了应用收益法时因公司长期收益难以预测所形成的估值困扰，另一方面也有效利用了较为可靠的短期收益预期对整体估值合理度的提升作用，降低了直接采用市场法时因可比对象选择不当而可能产生估值偏差的概率，因而有利于提高公司估值的合理性和可靠性；在适应范围上，只要是第一阶段预期收益额较为明朗，而第二阶段预期收益额剧烈波动或者缺乏显著特征的公司估值，均可采用退出倍数法。并且，退出倍数法特别适用于周期性公司估值和部分增长性行业公司估值；在具体操作时，目标公司假定退出时点的确定、退出倍数的选择与测算、可比对象的选择等是退出倍数法的应用重点与难点，退出倍数的口径、可比对象价值比率的计算时点以及对价值类型和评估假设等评估要素的把握等是其中值得注意的事项。

六、关于情景分析法在周期性公司估值收益额测算中的应用

在与周期性公司估值相关的研究领域，情景分析法被提出可引入收益途径的使用过程，但还只是作为一种改进传统估值方法的创新思路或者案例分析的辅助工具被得以初步考虑，鲜见涉及情景分析法应用的详细步骤、具体模型和应用难点等方面的研究。对此，本研究提出：首先，情景分析法应用于周期性公司估值的具体步骤可以分为明确估值对象及相关背景、识别影响估值的内部重要参数、确定影响估值的关键外在驱动因素、构建周期性公司估值的未来情景框架并形成不同具体情景、确定周期性公司每种情景对应的概率、分析周期性公司在每种情景下的具体估值参数内容、通过加权平均计算得到周期性公司估值结果等7步。其次，论及情景分析法在周期性公司估值中的模型构建及其选择问题，基于直接对不同情景下公司价值进行加权平均的思路而构建的估值模型具有最广泛的适用性，成为可供选择采用的最佳模型。此外，未来情景构建和情景概率确定是情景分析法在周期性公司估值中的两大难点环节。其中，对于未来情景构建这一难

点，可从对关键外在驱动因素排序、设置未来情景的数量和划分不同情景的内容等三个方面探索解决路径；对于情景概率确定这一难点，除了常见的基于宏观经济周期整体预测及公司当前所处阶段来确定未来情景的概率以外，基于历史财务信息确定未来情景概率以及采用概率树法确定未来情景概率等两种估算思路可作为其解决路径。并且，前者更适用于关键外在驱动因素非常少的情形，特别是双情景情形；后者可被用于情景设置更为复杂、关键外在驱动因素更多的周期性公司估值与决策。

七、关于敏感性分析在周期性公司估值中的应用

敏感性分析虽被视为解决公司估值不确定性难题的辅助工具，但与之相关的具体估值操作指引相对欠缺，立足不同类型敏感性分析方法的比较研究也较为薄弱。对此，本研究发现：单因素、双因素、多因素这三种敏感性分析各有利弊，假设条件和适用范围不一，应根据实际需要选择使用。其中：单因素敏感性分析操作简易，更适用于不确定因素数量较少且其间关联度低的情形；双因素敏感性分析更适用于不确定因素数量较少且其间存在关联度，或需要考查因素两两组合敏感性的情形；多因素敏感性分析则更适用于不确定因素数量较多且其间关联度较低，或需要考查相互独立的多因素组合敏感性的情形。恰当选择和合理应用不同类型的敏感性分析方法，能够更好体现关键参数变动对公司估值结论尤其是周期性公司估值结论的影响，有利于减少未来收益额、折现率等估值参数的测算误差对估值判断和公司决策可能造成的不利影响。

八、关于蒙特卡罗模拟在周期性公司估值中的应用

作为敏感性分析这一不确定性分析工具的补充，蒙特卡罗模拟能够满足周期性公司估值不确定性分析的高级需求。对此，本研究发现：当蒙特卡罗模拟应用于公司估值领域时，其实质是通过多次模拟估值来表示结果，而不是采用单一的点估计值来表示公司价值；其具体操作主要包括构造或描述公司估值中不确定因素预测的概率模型、实现从不确定因素的已知概率分布抽样以及蒙特卡罗模拟运算与公司估值结果分析等几个步骤；在应用效果上，蒙特卡罗模拟具体通过预测多种不确定性因素的不同波动范围和概率分布并进行多次模拟，以此得出相应结

果的波动范围和最可能值，使因素预测值及公司估值结果避免过于单一化和绝对化，有利于提高公司估值预测的合理性和估值结果的说服力。但是，在蒙特卡罗模拟应用于周期性公司估值的过程中，对于未来不确定性因素的数值概率分布假设问题，仍然有赖于更全面、翔实的理论分析和数据支持，以求更加合理地将其应用于周期性公司估值实践。

九、宏观经济因素考量视角下的周期性公司估值框架构建

周期性公司估值框架构建的第一步是识别和聚焦显著影响周期性公司价值的宏观经济因素，为周期性公司估值中的宏观经济因素考量提供依据。对此，本研究通过对宏观经济指标与样本公司价值指标的相关关系进行实证分析发现，在周期性公司估值中，宏观经济因素的确是不可忽视的重要变量，对于显著影响公司价值的共性指标，在具体估值过程中应当予以重点关注和合理考量；在此基础上，可以选择及应用两种宏观经济因素考量视角下的收益途径应用思路和市场途径应用思路，进一步对不同周期性行业开展细分研究，从而在一般性框架的基础上，探求适用于周期性行业及其细分市场的估值模型。

第二节 下一步研究展望

本书以提高周期性公司估值合理性为出发点和落脚点，深化了现有周期性公司估值理论与实证研究，主要研究结论对相关学术研究、专业机构估值和投资者定价决策等具有借鉴与指导意义。未来研究还可以从以下两个方面进行拓展：

一、进一步将宏观经济因素纳入周期性公司估值模型

本书尝试将 APT 应用于周期性公司估值的折现率测算，以合理考量宏观经济因素对周期性公司估值折现率的影响；同时，本书基于宏观经济因素考量视角，尝试提出周期性公司估值框架的构建思路，为后续深化宏观经济因素与周期性公司估值的联动研究奠定基础。这都只是一个开始。针对周期性公司独特的周期性特征，一方面，进一步提炼宏观经济因素影响周期性公司估值的机理，单独考察

宏观经济因素的影响，并进一步对不同周期性行业开展细分研究，从而在一般性模型的基础上，探求适用周期性行业及其细分市场的估值模型；另一方面，系统界定、识别和测度宏观经济因素对周期性公司估值参数的影响，对不同的估值参数开展细分研究，进而对周期性公司估值模型进行理论修正和实证检验，将是未来重要的研究方向[①]。

二、继续优化市场途径在周期性公司估值中的应用研究

本书重点针对国内外学者普遍重视的收益途径在周期性公司估值中的应用进行探讨。谈及市场途径，其多依赖于可比市场的可比公司或可比交易数据，其前提是市场有效、可比对象具有参考价值，因而在特殊状况下的可用性有所降低。对于市场途径在周期性公司估值中的应用，本研究初步提出两种宏观经济因素考量视角下的市场途径应用思路，并强调应特别关注宏观经济波动对价值比率可能产生的影响。其中，当采用可比公司数据计算价值比率时，建议优先采用回归分析法，并且将影响显著的宏观经济变量引入多元回归模型；当采用可比交易数据计算价值比率时，建议专门编制宏观经济指标的修正系数表，进而对价值比率进行差异项调整。但以上研究思路尚未进一步展开。因此，在后续研究中，有必要立足于市场途径视角，继续优化市场途径在周期性公司估值中的应用研究，以实现以收益途径作为评估基础，辅之以市场途径的交叉验证。

---

① 在前期研究的基础上，笔者已进一步获批国家社会科学基金项目"混合所有制改革中周期性公司估值模型的理论修正与实践调整研究"（资助编号：15CGL013），其中将重点对这一拓展性研究内容继续跟踪与深化。

附录

附录一 基于两种分类规则下的周期性行业范围界定

附录二 非周期性行业Beta系数跨期时变特征及估值研究

附录一 基于两种分类规则下的周期性行业范围界定

一、基于深证指数分类法和 CSMAR 数据库行业指标

附表 1-1 基于深证指数分类法和 CSMAR 数据库行业指标的周期性行业范围界定

类别代码（行业代码 A）及名称（行业名称 A）	细分行业代码（行业代码 B）及名称（行业名称 B）
0001 金融业	I01 银行业，I11 保险业，I21 证券、期货业 [I2121 综合类证券公司]，I31 金融信托业
0002 公用事业	A03 林业，B01 煤炭采选业，B50 采掘服务业 [B5003 石油和天然气开采服务业]，D03 煤气生产和供应业，F01 铁路运输业，F03 公路运输业，F07 水上运输业 [F0705 沿海运输业]，F09 航空运输业，F11 交通运输辅助业 [F1101 公路管理及养护业，F1105 港口业]，K01 公共设施服务业，K39 租赁服务业
0003 房地产业	J01 房地产开发与经营业，J05 房地产管理业，J09 房地产中介服务业
0004 综合业	E01 土木工程建筑业 [E0110 铁路、公路、隧道、桥梁建筑业，E0199 其他土木工程建筑业]，E05 装修装饰业，F05 管道运输业，F21 仓储业
0005 工业	B03 石油和天然气开采业，B05 黑色金属矿采选业 [B0501 铁矿采选业]，B07 有色金属矿采选业 [B0701 重有色金属矿采选业]，C05 饮料制造业 [C0501 酒精及饮料酒制造业]，C1399 其他纤维制品制造业，C14 皮革、毛皮、羽绒及制品制造业 [C1410 毛皮鞣制及制品业]，C21 木材加工及竹、藤、棕、草制品业 [C2105 人造板制造业]，C25 家具制造业，C31 造纸及纸制品业 [C3105 造纸业]，C35 印刷业，C38 电器机械及器材制造业，C41 石油加工及炼焦业 [C4115 炼焦业]，C43 化学原料及化学制品制造业 [C4301 基本化学原料制造业，C4310 化学肥料制造业，C4320 化学农药制造业，C4330 有机化学产品制造业，C4360 专用化学产品制造业]，C47 化学纤维制造业

续表

类别代码 （行业代码 A） 及名称 （行业名称 A）	细分行业代码（行业代码 B）及名称（行业名称 B）
0005 工业	［C4705 合成纤维制造业］，C48 橡胶制造业［C4815 橡胶零件制造业］，C49 塑料制造业［C4901 塑料薄膜制造业，C4905 塑料板、管、棒材制造业，C4915 泡沫塑料及人造革、合成革制造业，C4935 塑料零件制造业］，C61 非金属矿物制品业［C6105 水泥制品和石棉水泥制品业，C6120 玻璃及玻璃制品业，C6130 耐火材料制品业，C6199 其他非金属矿物制品业］，C65 黑色金属冶炼及压延加工业［C6510 钢压延加工业］，C67 有色金属冶炼及压延加工业，C69 金属制品业［C6901 金属结构制造业，C6935 金属表面处理及热处理业］，C71 普通机械制造业［C7101 锅炉及原动机制造业，C7105 金属加工机械制造业，C7115 轴承、阀门制造业］，C73 专用设备制造业［C7301 冶金、矿山、机电工业专用设备制造业，C7310 石化及其他工业专用设备制造业，C7350 其他专用设备制造业］，C75 交通运输设备制造业［C7505 汽车制造业，C7525 船舶制造业］，C7601 电机制造业，C7610 输配电及控制设备制造业，C7615 电工器械制造业，C78 仪器仪表及文化、办公用机械制造业［C7805 专用仪器仪表制造业，C7815 计量器具制造业］，C8101 化学药品原药制造业，C8105 化学药品制剂制造业，C99 其他制造业，D01 电力、蒸汽、热水的生产和供应业［D0101 电力生产业］，H03 能源、材料和机械电子设备批发业［H0325 金属材料批发业，H0335 汽车、摩托车及零配件批发业］
0006 商业	F19 其他交通运输业，H01 食品、饮料、烟草和家庭用品批发业［H0101 食品、饮料、烟草批发业］，H09 其他批发业，H1199 其他零售业，H12 商业经纪与代理业，K2015 建筑、工程咨询服务业，K32 旅馆业，K34 旅游业，K99 其他社会服务业

注：1. 对于表中部分细分行业，如 C05 饮料制造业，C99 其他制造业，D01 电力、蒸汽、热水的生产和供应业，H01 食品、饮料、烟草和家庭用品批发业，K01 公共设施服务业，K39 租赁服务业，K99 其他社会服务业，等等，因其业务性质比较特殊，且周期性强弱程度不一，所以对上述行业内公司进行判断时，需要根据具体主营业务情况进一步认定其是否属于周期性公司。

2. 尽管部分综合类上市公司主营业务的周期性特征较强，例如，在 2012 年 12 月 31 日共有 31 家综合类上市公司的主营业务具有较强的周期性，但由于综合类上市公司的历史沿革比较复杂且其主营业务具有易变性，本书在对周期性行业进行界定时，对综合业中的综合类这一细分行业进行了剔除。

数据来源：笔者依据相关资料总结。

二、基于国家标准〔2011〕

附表 1-2　基于国家标准〔2011〕的周期性行业范围界定

门类代码及名称	大类代码及名称
A 农、林、牧、渔业	A02 林业
B 采矿业	B06 煤炭开采和洗选业，B07 石油和天然气开采业，B08 黑色金属矿采选业，B09 有色金属矿采选业，B11 开采辅助活动，B12 其他采矿业
C 制造业	C15 酒、饮料和精制茶制造业，C16 烟草制品业，C19 皮革、毛皮、羽毛及其制品和制鞋业，C20 木材加工和木、竹、藤、棕、草制品业，C21 家具制造业，C22 造纸和纸制品业，C23 印刷和记录媒介复制业，C25 石油加工、炼焦和核燃料加工业，C26 化学原料和化学制品制造业，C29 橡胶和塑料制品业，C30 非金属矿物制品业，C31 黑色金属冶炼和压延加工业，C32 有色金属冶炼和压延加工业，C33 金属制品业，C34 通用设备制造业，C35 专用设备制造业，C36 汽车制造业，C37 铁路、船舶、航空航天和其他运输设备制造业，C38 电气机械和器材制造业，C40 仪器仪表制造业，C41 其他制造业
D 电力、热力、燃气及水生产和供应业	D44 电力、热力生产和供应业，D45 燃气生产和供应业
E 建筑业	E47 房屋建筑业，E48 土木工程建筑业，E49 建筑安装业，E50 建筑装饰和其他建筑业
F 批发和零售业	F51 批发业，F52 零售业
G 交通运输、仓储和邮政业	G53 铁路运输业，G54 道路运输业，G55 水上运输业，G56 航空运输业，G57 管道运输业，G58 装卸搬运和运输代理业，G59 仓储业，G60 邮政业
H 住宿和餐饮业	H61 住宿业
J 金融业	J66 货币金融服务，J67 资本市场服务，J68 保险业，J69 其他金融业
K 房地产业	K70 房地产业
L 租赁和商务服务业	L71 租赁业，L72 商务服务业
O 居民服务、修理和其他服务业	O81 其他服务业

注：对于表中部分大类，如 A02 林业，C15 酒、饮料和精制茶制造业，C16 烟草制品业，C19 皮革、毛皮、羽毛及其制品和制鞋业，C41 其他制造业，D44 电力、热力生产和供应业，D45 燃气生产和供应业，O81 其他服务业，等等，因其业务性质比较特殊，且对应中类或小类的周期性特征并不一定都十分显著，所以对上述行业内公司进行判断时，需要根据具体主营业务情况认定其是否属于周期性公司。例如，C15 酒、饮料和精制茶制造业，C16 烟草制品业，C19 皮革、毛皮、羽毛及其制品和制鞋业等消费品制造业中，相对而言生产高档白酒、高档香烟、高档服装、奢侈品等产品的公司才具有更加鲜明的周期性特征，因为一旦人们的收入增长放缓或预期收入的不确定性增强，都会直接减少对这类非必需商品的消费需求。

数据来源：笔者依据相关资料总结。

附录二　非周期性行业 Beta 系数跨期时变特征及估值研究[①]

一、问题提出

CAPM 采用 Beta 系数对资产的系统性风险进行度量，在公司估值实务中得到广泛应用。但大量实证研究表明，在跨期条件下 Beta 系数具有时变性特征。国内外学者亦围绕 Beta 系数跨期时变这一热络命题，对 Beta 系数在跨期条件下的稳定性（Brooks et al, 1994；沈艺峰、洪锡熙，1999；苏卫东、张世英，2002；赵景文，2005）和时变路径（Kolb and Rodriguez, 1989；丁志国等，2007；苏治等，2008）进行实证分析，对 Beta 系数跨期时变的影响因素及成因进行理论揭示（陈浪南、屈文洲，2000；丁志国等，2012）；不过部分实证研究的观点和结论存在分歧，这与多样化的研究样本、研究期限、研究方法等不无关系（Jensen，1969；丁志国等，2012）。

值得注意的是，多数研究随机选取若干个股作为实证检验样本，不利于剔除单个企业微观因素的干扰，也忽视了可能存在的行业差异；只有个别研究从行业视角对 Beta 系数时变及其间差异进行探讨，而涉及 Beta 系数跨期时变与特定行业系统性风险度量或公司估值的关联研究更不多见。王荆杰（2009）采用滚动回归方法和行业日收益率数据发现，Beta 系数稳定性较差的前 5 个行业中，有 3 个是周期性行业，可能是较强的周期性导致产生波动较大的系统性风险；丁志国等（2012）采用 7 种实证方法和行业日收益率数据，对中国、美国、英国、日本证券市场的分行业 Beta 系数跨期时变特征进行检验。本书第四章也指出，不同的研

[①] 附录二是本书第四章"Beta 系数跨期时变与周期性公司估值"相关内容的对照研究，具体以非周期性行业（公司）为研究对象，考察非周期性行业 Beta 系数跨期时变特征及其对公司估值的影响。相关研究结论可供读者进一步比较和参考。

究设计使"Beta 系数是否稳定"不可一概而论，并进一步以有色、钢铁、石化、房地产、银行等 5 个周期性行业板块收益率及市场平均收益率的周数据和月数据为研究样本，提出：当运用回归方法估算 Beta 系数时，对于回归样本选择所涉及的回归期限和收益率度量时限这两项时间要素，其设定差异会显著影响 Beta 系数稳定性，进而对系统性风险度量及公司估值结果影响显著；审慎设定时间要素，有利于提高 Beta 系数的稳定性，同时降低系统性风险度量及公司估值误差；"5～10 年"是更为可取的 Beta 系数估计时段，并应优先选择以"周"为单位的收益率度量时限，其次是以"月"为单位。这对于之前的研究结果，既是验证和延伸，又是探索与创新，一定程度上深化了现有公司估值理论中的系统性风险度量研究。但此部分研究重点以波动性较强的周期性行业为检验样本探寻规律，相关结论是否具有普适性还有待进一步验证，未来研究亦可选取非周期性行业样本进行拓展。

应该看到，较之周期性行业，非周期性行业（亦可称为"弱周期性行业"）的收益波动对宏观经济变化敏感度较弱，既涉及食品、医药等与人类日常消费息息相关的防守型行业，又涉及计算机、通信等依靠技术进步得以发展的增长型行业。那么，非周期性行业是否因为受宏观经济变化影响较小而具有波动性较小的系统性风险，即 Beta 系数不具有跨期时变特性？时间要素设定差异，是否会对非周期性行业的系统性风险度量及公司估值结果产生显著影响？如果影响显著，应如何对时间要素进行设定以提高非周期性公司估值合理性和准确性？这些问题值得进一步探究。本部分内容接下来做如下安排：第二部分为理论分析与研究设计，第三部分为样本数据与描述性统计，第四部分为实证结果及分析，第五部分为结论及比较。

二、理论分析与研究设计

（一）理论分析与研究假说

结合 Beta 系数定义，作为一种系统性风险指数，Beta 系数可以度量一种证券或一个投资证券组合相对总体市场的波动性。尽管非周期性行业景气度受宏观经济影响较小，但是，收益波动对宏观经济敏感度低尚不能与系统性风险波动性低简单画等号。由此，这里综合已有经验研究证据，暂假定本书第四章的研究结论具有普适性，并具体提出三个可供检验的假说：

假说1：时间要素设定差异会显著影响非周期性行业 Beta 系数稳定性。

假说2：时间要素设定差异会显著影响非周期性行业系统性风险度量及公司估值结果。

假说3：审慎设定时间要素，有利于提高非周期性行业 Beta 系数稳定性，同时降低系统性风险度量及公司估值误差。

其中，为便于与本书第四章已有研究结论进行对照比较，本部分将继续设定与之相同的研究期限进行实证检验；在研究方法上，除采用 Chow 检验等相同研究方法外，还将尝试 CUSUMSQ 检验用以比较。

（二）检验对象与回归样本

这里拟重点以我国沪深 A 股市场中非周期性行业作为检验对象；具体选择医药、纺织服装、食品饮料等3个防守型行业和传媒、计算机、通信等3个增长型行业，即共计6个非周期性行业样本。同时，继续选取10年长度测算区间作为样本回归期限，选用"周"和"月"为单位作为回归样本的收益率度量时限；样本数据时间跨度为 2005 年 1 月 1 日—2014 年 12 月 31 日，共计 3 042 个周样本和 720 个月样本。通过将此样本周期划分为不同时间段，还可形成若干样本子集，以便对研究假说进行检验。

（三）研究方法

本部分采用的研究方法分为四个主要步骤：

第一步，通过 OLS 分别考察、比较不同回归期限（1～10年）和收益率度量时限（"周"和"月"）下的6个样本行业 Beta 系数估计值与动态轨迹；随后，使用 MAD 值初步检验 Beta 系数稳定性。

其中，对 Beta 系数进行估计时，采用单指数市场模型，即：

$$R_t = \alpha + \beta \times R_m \qquad (附2-1)$$

式中：R_t 为资产期望收益率；R_m 为市场组合期望收益率；β 为资产 Beta 系数。

根据式（附2-1），引入一元一次方程（附2-2）和式（附2-3）：

$$R_{t,wn} = \alpha_{wn} + \beta_{wn} \times R_{m,w} + \varepsilon_{wn} \qquad (附2-2)$$

$$R_{t,mn} = \alpha_{mn} + \beta_{mn} \times R_{m,m} + \varepsilon_{mn} \qquad (附2-3)$$

式（附2-2）和式（附2-3）中：$R_{t,wn}$ 和 $R_{t,mn}$ 分别表示样本行业周收益率和月收益率，$R_{m,w}$ 和 $R_{m,m}$ 分别表示市场平均周收益率和月收益率；β_{wn} 和 β_{mn} 分别表示收益率度量时限为"周"和"月"的样本行业 Beta 系数；α_{wn} 和 α_{mn} 为常数项；ε_{wn} 和 ε_{mn} 为零均值的随机误差项；n 代表医药、纺织服装、食品饮料、传媒、计算机、通信等不同样本行业。

第二步，利用 Chow 检验对所估算出的 Beta 系数进行稳定性检验。以每年年末为两段估算时期间的假定断裂点，将 10 年周期分割为两期，通过 Beta 系数观测值进行稳定性检验。该检验首先建立如下假设：

原假设：$H_0: \beta_1 = \beta_2$，β_1 和 β_2 分别代表每个假定断裂点前后两期估计的 Beta 系数；

备择假设：$H_1: \beta_1 \neq \beta_2$。

在 5% 的显著性水平下，若统计量 F 值大于临界值、伴随概率小于显著性水平，则拒绝原假设并接受备择假设，说明两个模型不属于同一个回归模型，即 Beta 值不稳定。

第三步，利用 CUSUMSQ 检验对所估算出的 Beta 系数进行稳定性检验。CUSUMSQ 检验采用递归最小二乘法原理，通过递归误差系列构建累积平方和（CUSUMSQ）指标进行参数的稳定性检验。该统计量均值范围为 [0, 1]，若存在过大偏离均值水平的现象就表明参数不稳定，即若 CUSUMSQ 统计量 S_k 值位于 5% 显著性水平下的两条置信带之外，则 Beta 系数不稳定。

第四步，参照本书第四章已有研究，当利用 DCF 模型和 CAPM 进行公司估值时，以股权自由现金流折现模型为例，假设各期现金流固定且公司持续经营，则 Beta 系数估算误差对公司估值结果的影响可表示为：

$$\frac{\Delta P}{P} = -\frac{(R_m - R_f) \times \beta \times \frac{\Delta \beta}{\beta}}{R_f + (R_m - R_f) \times \beta \times \left(1 + \frac{\Delta \beta}{\beta}\right)} \quad (\text{附}2-4)$$

式中：R_f 为无风险收益率；$\Delta \beta$ 为 Beta 值变化幅度；$\frac{\Delta \beta}{\beta}$ 为 Beta 值变化率；P 为公司评估价值；$\frac{\Delta P}{P}$ 为公司评估价值变化率。

以式（附 2-4）为实证模拟模型，假设暂不考虑公司特有风险，针对公司价值可能被高估和低估的两种结果，分别统计每个样本行业各期 β_{wn} 之间、β_{mn} 之间及同期 β_{wn} 和 β_{mn} 之间的最大变化率 $\left|\frac{\Delta \beta_{wn}}{\beta_{wn}}\right|_{max}$，$\left|\frac{\Delta \beta_{mn}}{\beta_{mn}}\right|_{max}$，$\left|\frac{\beta_{wn} - \beta_{mn}}{\beta_{mn}}\right|_{max}$，也就是不同回归期限（1~10 年）和收益率度量时限（"周"和"月"）下系统性风

险度量的最大可能误差，并分别代入式（附 2-4）求得与之对应的公司估值最大可能误差 $\left|\frac{\Delta P}{P}\right|_{\max,1}$，$\left|\frac{\Delta P}{P}\right|_{\max,2}$，$\left|\frac{\Delta P}{P}\right|_{\max,3}$，比较异同和优劣。

三、样本数据与描述性统计

（一）变量构建与数据来源

1. 行业收益率

这里选择 6 个样本行业板块股价指数衡量行业收益率，实证数据包括 2005 年 1 月 1 日—2014 年 12 月 31 日期间板块的周收盘指数和月收盘指数，数据来自 Wind 数据库。

根据行业板块周收盘价和月收盘价可以计算得到各行业板块的周收益率 $R_{t,wn}$ 和月收益率 $R_{t,mn}$ 的时间序列数据。具体计算公式如下：

$$R_{t,wn} = \ln\frac{T\text{时段行业板块周收盘指数}}{(T-1)\text{时段行业板块周收盘指数}} \quad \text{（附 2-5）}$$

$$R_{t,mn} = \ln\frac{T\text{时段行业板块月收盘指数}}{(T-1)\text{时段行业板块月收盘指数}} \quad \text{（附 2-6）}$$

2. 市场平均收益率

这里选取沪深 300 指数进行市场平均收益率的计算，具体选取 2005 年 1 月 1 日—2014 年 12 月 31 日期间的周收盘指数和月收盘指数，数据来自 Wind 数据库。

根据沪深 300 指数的周收盘价和月收盘价可以计算得到周收益率 $R_{m,w}$ 和月收益率 $R_{m,m}$ 的时间序列数据。具体计算公式如下：

$$R_{m,w} = \ln\frac{T\text{时段沪深 300 周收盘指数}}{(T-1)\text{时段沪深 300 周收盘指数}} \quad \text{（附 2-7）}$$

$$R_{m,m} = \ln\frac{T\text{时段沪深 300 月收盘指数}}{(T-1)\text{时段沪深 300 月收盘指数}} \quad \text{（附 2-8）}$$

（二）描述性统计

利用 Eviews8.0 软件，对 6 个样本行业收益率和市场平均收益率的时间序列数据进行描述性统计分析，分析结果详附表 2-1。

附表 2-1　变量描述性统计

变量	观测数	最小值(%)	最大值(%)	均值(%)	标准差	偏度	峰度
$R_{tw医药}$	507	-15.23	17.66	0.38	4.203	-0.38	1.60
$R_{tw纺织服装}$	507	-17.83	17.05	0.22	4.737	-0.49	2.41
$R_{tw食品饮料}$	507	-14.74	14.45	0.37	4.039	-0.02	1.04
$R_{tw传媒}$	507	-19.29	20.51	0.28	4.969	-0.19	1.35
$R_{tw计算机}$	507	-20.81	16.38	0.28	5.100	-0.50	1.29
$R_{tw通信}$	507	-14.96	12.38	0.21	4.112	-0.42	0.91
R_{mw}	507	-16.26	15.03	0.25	3.952	-0.12	1.79
$R_{tw医药}$	120	-24.45	32.39	1.60	9.089	-0.20	1.32
$R_{tm纺织服装}$	120	-35.55	41.01	0.94	11.075	-0.01	1.92
$R_{tm食品饮料}$	120	-27.06	22.92	1.58	8.623	-0.28	0.81
$R_{tm传媒}$	120	-27.52	29.72	1.18	10.754	-0.28	0.51
$R_{tm计算机}$	120	-35.20	35.01	1.17	11.589	-0.40	1.26
$R_{tm通信}$	120	-32.43	21.01	0.90	9.320	-0.82	1.63
R_{mm}	120	-29.91	24.63	1.05	9.591	-0.49	1.18

数据来源：笔者总结。

根据附表 2-1，从 2005 年 1 月 1 日—2014 年 12 月 31 日期间每个行业周指标各获得 507 个观测值，每个行业月指标各获得 120 个观测值。6 个行业指数与沪深 300 指数的平均收益率均为正值，说明这段时间内所研究的这 7 个指数表现相对较好。其中，通信行业的平均收益率最低，医药行业的平均收益率最高。各类指标的标准差均较大，行业平均收益率离散程度大部分高于市场平均收益率，表明研究时段内股价波动较为剧烈，市场较不稳定。与周收益率相比，月收益率度量下的收益率离散程度明显较高，表现出更强烈的波动性。另外，各类收益率变量的偏度均为负值，但数值较小，说明分布形态与正态分布相比为负偏或左偏，偏斜程度较小；但峰度均为正值，说明分布曲线比正态分布的高峰更加陡峭，呈尖顶曲线。

（三）时间序列趋势分析

根据上述样本数据，利用 EViews8.0 软件输出得到各类收益率变量的时间序列趋势图，如附图 2-1 至附图 2-14 所示。

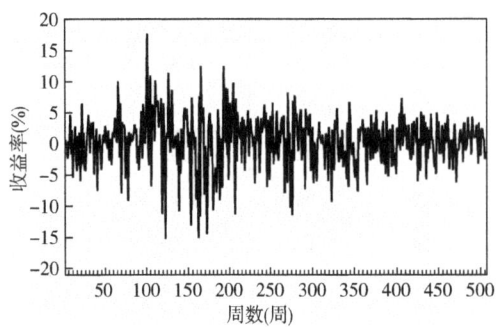

附图 2-1 $R_{t,w医药}$ 时间序列趋势

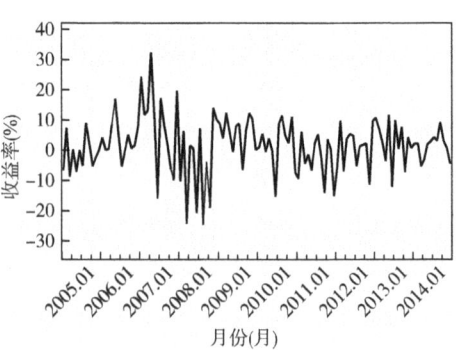

附图 2-2 $R_{t,m医药}$ 时间序列趋势

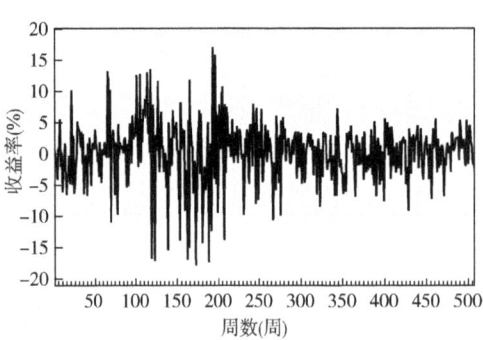

附图 2-3 $R_{t,w纺织服装}$ 时间序列趋势

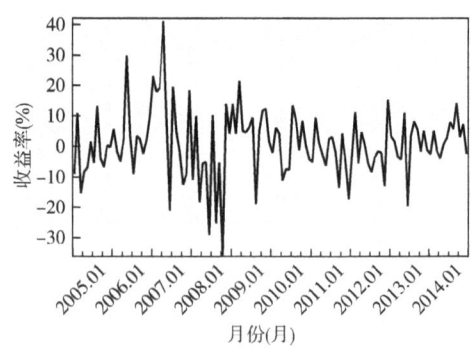

附图 2-4 $R_{t,m纺织服装}$ 时间序列趋势

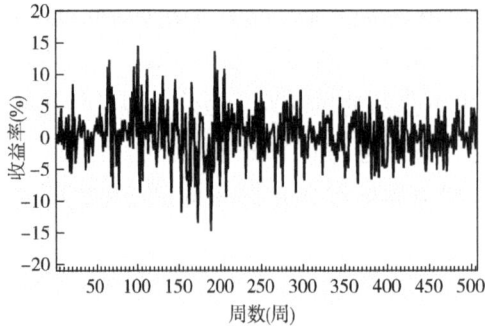

附图 2-5 $R_{t,w食品饮料}$ 时间序列趋势

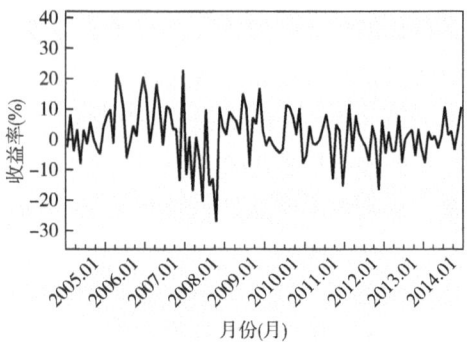

附图 2-6 $R_{t,m食品饮料}$ 时间序列趋势

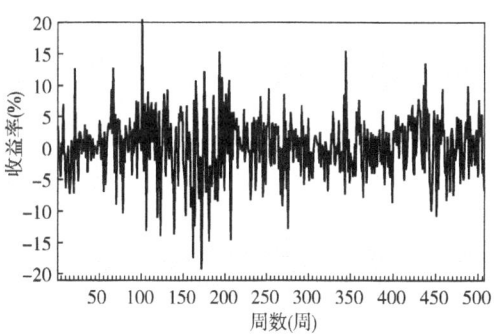

附图2-7 $R_{t,w传媒}$ 时间序列趋势

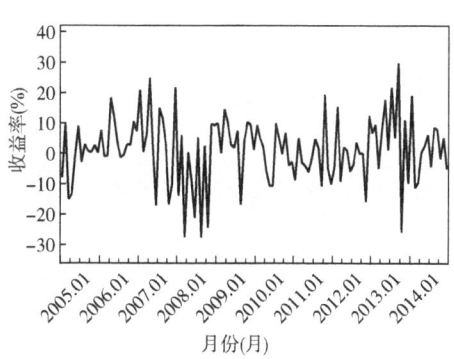

附图2-8 $R_{t,m传媒}$ 时间序列趋势

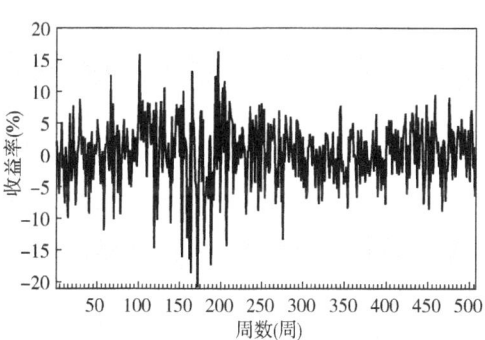

附图2-9 $R_{t,w计算机}$ 时间序列趋势

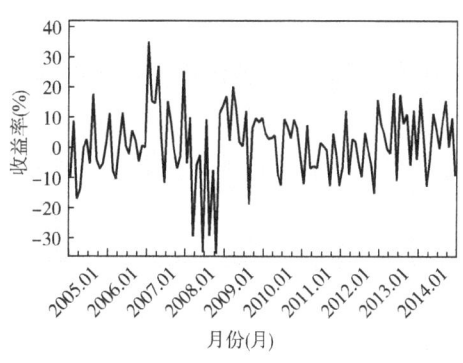

附图2-10 $R_{t,m计算机}$ 时间序列趋势

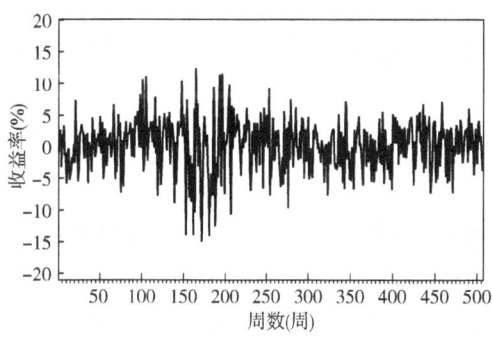

附图2-11 $R_{t,w通信}$ 时间序列趋势

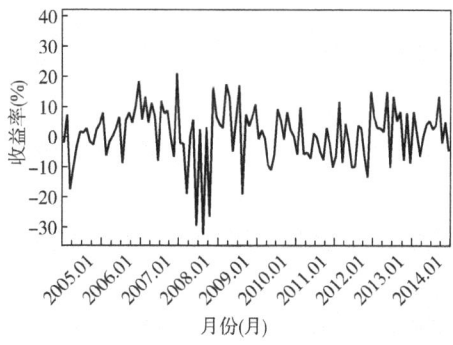

附图2-12 $R_{t,m通信}$ 时间序列趋势

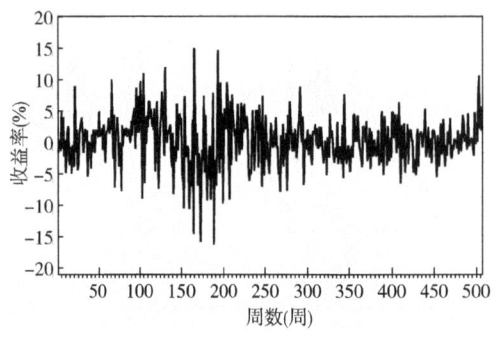

附图 2-13　$R_{m,w}$ 时间序列趋势

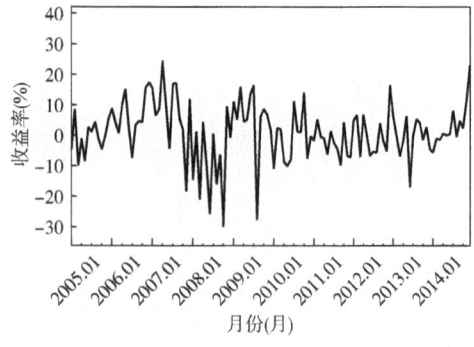

附图 2-14　$R_{m,m}$ 时间序列趋势

数据来源：附图 2-1 至附图 2-14 由笔者总结。

从附图 2-1 至附图 2-14 可见，几个样本行业收益率走势与市场总体相同，经济危机所导致的剧烈波动至 220 周或 2009 年年初基本达到平稳。从周收益率来看，计算机和纺织服装行业收益率波动较剧烈，传媒行业的收益率更易出现极端值，其余行业收益率变化速度略缓。从月收益率看：纺织服装行业依然很不稳定，波动浮动最大；通信行业、计算机行业在 2008 年时收益率有较大跌幅，受金融危机影响最大；传媒行业在 2013 年年初到 2014 年年末发生剧烈波动。

四、实证结果及分析

（一）Beta 系数动态轨迹与标准差、MAD 值稳定性检验

利用 Eviews8.0 软件，模拟测算得到以 2005 年 1 月 1 日为评估基准日计算的 1~10 年 Beta 系数真实值 β_{wn}，β_{mn}，以及以 2014 年 12 月 31 日为评估基准日计算的 1~10 年 Beta 系数历史值 β_{wn}，β_{mn}，如附表 2-2 和附表 2-3 所示。对其中通过显著性水平检验的两种情形下全部 β_{wn} 和 β_{mn} 估计结果进行描述性统计分析，见附表 2-4，并绘制其回归期限变化过程中的动态轨迹，见附图 2-15 至附图 2-18。

附表 2-2　未来 1~10 年回归期限下真实 β_{wn} 和 β_{mn} 观测值

（以 2005 年 1 月 1 日为评估基准日）

	1 年	2 年	3 年	4 年	5 年	6 年	7 年	8 年	9 年	10 年
β_w医药	0.910*	0.882*	0.966*	0.891*	0.852*	0.824*	0.839*	0.841*	0.823*	0.799*
β_w纺织服装	1.085*	1.093*	1.094*	1.072*	1.058*	1.032*	1.034*	1.034*	1.021*	0.995*
β_w食品饮料	0.882*	1.019*	0.929*	0.844*	0.816*	0.781*	0.775*	0.785*	0.765*	0.757*
β_w传媒	0.836*	0.980*	0.948*	0.922*	0.915*	0.890*	0.906*	0.905*	0.878*	0.849*
β_w计算机	1.053*	0.963*	0.936*	1.014*	1.017*	0.984*	0.990*	0.990*	0.969*	0.945*
β_w通信	0.859*	0.795*	0.694*	0.758*	0.750*	0.755*	0.770*	0.783*	0.767*	0.750*
β_m医药	0.837*	0.675*	0.942*	0.885*	0.780*	0.746*	0.766*	0.753*	0.753*	0.696*
β_m纺织服装	1.240*	0.991*	1.158*	1.084*	1.031*	0.999*	1.010*	1.008*	1.010*	0.954*
β_m食品饮料	0.747*	0.989*	0.849*	0.879*	0.798*	0.753*	0.761*	0.758*	0.748*	0.730*
β_m传媒	0.937*	0.780*	0.904*	0.913*	0.858*	0.825*	0.834*	0.835*	0.828*	0.756*
β_m计算机	1.199*	0.639*	0.889*	1.001*	0.963*	0.906*	0.917*	0.919*	0.917*	0.840*
β_m通信	0.959*	0.791*	0.675*	0.793*	0.785*	0.768*	0.778*	0.793*	0.791*	0.734*

注："*"表示 Beta 系数通过 5% 的显著性水平检验。

数据来源：笔者总结。

附表 2-3　过去 1~10 年回归期限下历史 β_{wn} 和 β_{mn} 观测值

（以 2014 年 12 月 31 日为评估基准日）

	1 年	2 年	3 年	4 年	5 年	6 年	7 年	8 年	9 年	10 年
β_w医药	0.390*	0.441*	0.580*	0.694*	0.657*	0.664*	0.743*	0.791*	0.792*	0.799*
β_w纺织服装	0.502*	0.656*	0.777*	0.847*	0.830*	0.882*	0.968*	0.985*	0.989*	0.995*
β_w食品饮料	0.631*	0.524*	0.657*	0.653*	0.592*	0.627*	0.687*	0.717*	0.750*	0.757*
β_w传媒	0.333	0.364*	0.536*	0.692*	0.686*	0.742*	0.822*	0.832*	0.849*	0.849*
β_w计算机	0.499*	0.554*	0.701*	0.797*	0.769*	0.847*	0.964*	0.951*	0.938*	0.945*
β_w通信	0.438*	0.466*	0.638*	0.729*	0.752*	0.738*	0.776*	0.746*	0.743*	0.750*
β_m医药	-0.117	0.240	0.343*	0.478*	0.413*	0.445*	0.610*	0.709*	0.687*	0.696*
β_m纺织服装	0.072	0.525*	0.673*	0.768*	0.759*	0.784*	0.901*	0.963*	0.941*	0.954*
β_m食品饮料	0.541*	0.520*	0.578*	0.606*	0.524*	0.532*	0.664*	0.691*	0.729*	0.730*
β_m传媒	-0.316	0.112	0.358	0.501*	0.515*	0.550*	0.721*	0.757*	0.747*	0.756*
β_m计算机	-0.418	0.193	0.448*	0.586*	0.546*	0.631*	0.860*	0.889*	0.823*	0.840*
β_m通信	-0.177	0.251	0.508*	0.594*	0.600*	0.656*	0.770*	0.733*	0.724*	0.734*

注："*"表示 Beta 系数通过 5% 的显著性水平检验。

数据来源：笔者总结。

附表 2-4　β_{wn} 和 β_{mn} 估计结果描述性统计

变量	观测数	最小值	最大值	均值	标准差	MAD 值
β_w医药	19	0.390	0.966	0.757	0.15	0.12
β_w纺织服装	19	0.502	1.094	0.945	0.16	0.12
β_w食品饮料	19	0.524	1.019	0.747	0.12	0.09
β_w传媒	18	0.364	0.980	0.808	0.16	0.11
β_w计算机	19	0.499	1.053	0.888	0.16	0.12
β_w通信	19	0.438	0.859	0.721	0.10	0.07
β_m医药	17	0.343	0.942	0.678	0.17	0.13
β_m纺织服装	18	0.525	1.240	0.933	0.17	0.13
β_m食品饮料	19	0.520	0.989	0.705	0.13	0.10
β_m传媒	16	0.501	0.937	0.766	0.14	0.10
β_m计算机	17	0.448	1.199	0.822	0.19	0.15
β_m通信	17	0.508	0.959	0.732	0.10	0.08

注：以 2005 年 1 月 1 日为评估基准日的未来 10 年回归期限下真实 β_{wn} 和 β_{mn} 与以 2014 年 12 月 31 日为评估基准日的过去 10 年回归期限下历史 β_{wn} 和 β_{mn} 的回归样本相同，故估计结果一致，共同作为一种变量观测值纳入描述性统计分析；未通过显著性水平检验的 Beta 系数未计入统计。

数据来源：笔者总结。

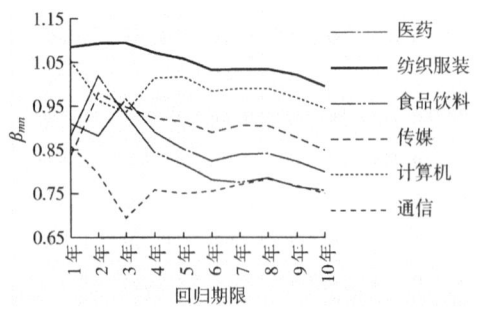

附图 2-15　2005 年 1 月 1 日评估基准日真实 β_{wn} 趋势

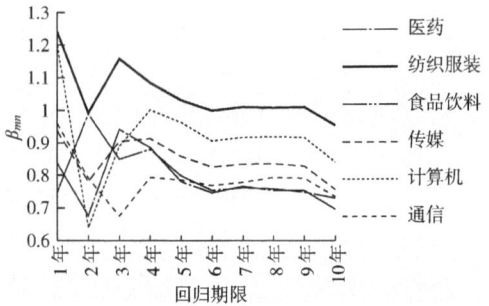

附图 2-16　2005 年 1 月 1 日评估基准日真实 β_{mn} 趋势

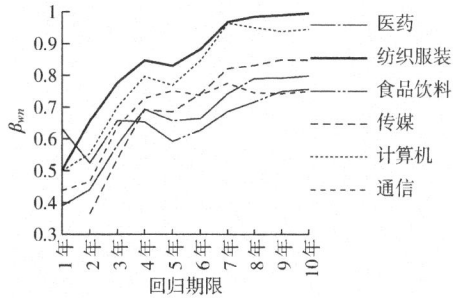
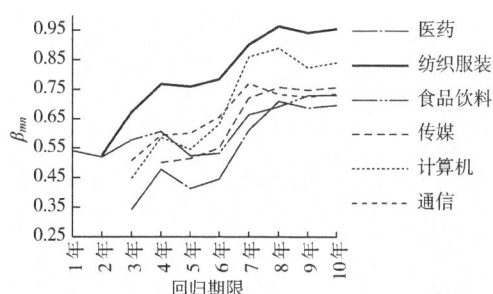

附图2-17 2014年12月31日评估基准日历史 β_{wn} 趋势

附图2-18 2014年12月31日评估基准日历史 β_{mn} 趋势

数据来源：附图2-15至附图2-18由笔者总结。

由附表2-2至附表2-4、附图2-15至附图2-18可知：①当回归期限较短时，月收益率下Beta系数估计效果较之周收益率略差，但随着回归期限延长，估算结果可靠性得到提高；② β_{wn} 和 β_{mn} 在同一回归期限下估计结果并不相同，且在数值大小方面未呈现显著规律，说明样本行业Beta系数的周收益率估计结果和月收益率估计结果相对独立；③从 β_{wn} 和 β_{mn} 的波动走势上来看，两种评估基准日测算的Beta值基本上在回归期限为7年（含）以上时趋于稳定，并都趋近于1，表现出收敛趋势；④ β_{wn} 标准差均值、MAD均值分别为0.14和0.11，β_{mn} 标准差均值、MAD值均值分别为0.15和0.12，后者数值略高于前者，说明样本行业Beta系数的周收益率估计结果比月收益率估计结果的稳定性略好；⑤各行业当中，计算机行业Beta系数最不稳定，通信行业Beta系数最稳定。综合来看，大部分增长型行业的Beta系数标准差及MAD值低于防守型行业，即防守型行业Beta系数较之增长型行业更不稳定。

（二）Beta系数的Chow稳定性检验

利用Eviews8.0软件，分别通过Chow检验测算9个断裂点前后两期各行业 β_{wn} 和 β_{mn} 的稳定性，检验得到的F值如附表2-5所示[①]。

---

① 评估基准日为2005年1月1日的Chow检验测算结果与评估基准日为2014年12月31日的测算结果相同。

附表 2–5　β_{wn} 和 β_{mn} 稳定性检验（F 值）

F 值	2013/12/27	2012/12/29	2011/12/30	2010/12/31	2009/12/31	2008/12/31	2007/12/28	2006/12/29	2005/12/30
β_w医药	5.65*	7.79*	5.13*	1.63	3.86*	6.86	5.40	2.18	0.85
β_w纺织服装	7.53*	7.89*	5.38*	3.13*	5.89*	5.86*	2.96	3.52*	0.90
β_w食品饮料	1.08	4.42*	2.58	2.56	5.95*	6.07*	6.48*	5.89*	0.38
β_w传媒	—	9.64*	6.13*	2.39	3.41*	3.18*	1.57	0.91	0.11
β_w计算机	3.32*	8.24*	5.03*	1.99	4.54*	4.16*	1.75	4.75*	0.90
β_w通信	2.42	5.91*	1.56	0.05	0.02	0.31	0.95	0.66	0.56
β_m医药	—	—	3.30	1.95	3.60	7.66*	3.03	0.79	0.71
β_m纺织服装	—	3.41*	2.02	1.23	1.47	3.84*	1.83	1.67	0.86
β_m食品饮料	1.40	1.47	2.33	2.22	3.58*	5.89*	2.35	2.91	0.02
β_m传媒	—	—	—	2.13	1.32*	3.55*	1.03	0.16	0.23
β_m计算机	—	—	3.05	1.61	2.22	4.36*	0.70	1.86	0.95
β_m通信	—	—	1.53	0.75	0.62	0.81	0.81	0.65	0.46

注：对 β_{wn}，"*"表示 F 值大于临界值 3.01，伴随概率小于 5% 的显著性水平；对 β_{mn}，"*"表示 F 值大于临界值 3.07，伴随概率小于 5% 的显著性水平。

数据来源：笔者总结。

由表 13–5 可见，在 5% 的显著性水平下：① β_{wn} 和 β_{mn} 的 Chow 检验结果中，月收益率度量时限下不稳定的 Beta 系数仅有 20.45%，而周收益率度量时限下所估计出的 Beta 系数呈不稳定情形的约占 50.94%，说明样本行业 Beta 系数的月收益率估计结果的稳定性略好于周收益率估计结果，这也可能是由前者剔除了更多未通过显著性水平检验的 β_{mn} 所致；②各假定断裂点的 Chow 检验结果显示，历史回归期限为 7 年（含）以上时，样本行业 Beta 系数估计结果的稳定性更好；③从行业角度来看，纺织服装行业的稳定性较差，通信行业的稳定性较好，也说明防守型行业的稳定性整体上劣于增长型行业。

（三）Beta 系数的 CUSUMSQ 稳定性检验

继续采用 CUSUMSQ 检验进一步测算 Beta 系数的稳定性，仍以 2014 年 12 月 31 日为评估基准日，借助 EViews8.0 软件输出的周收益率与月收益率下 6 个行业 CUSUMSQ 统计量结果见附图 2–19 至附图 2–30。

附录二 非周期性行业Beta系数跨期时变特征及估值研究

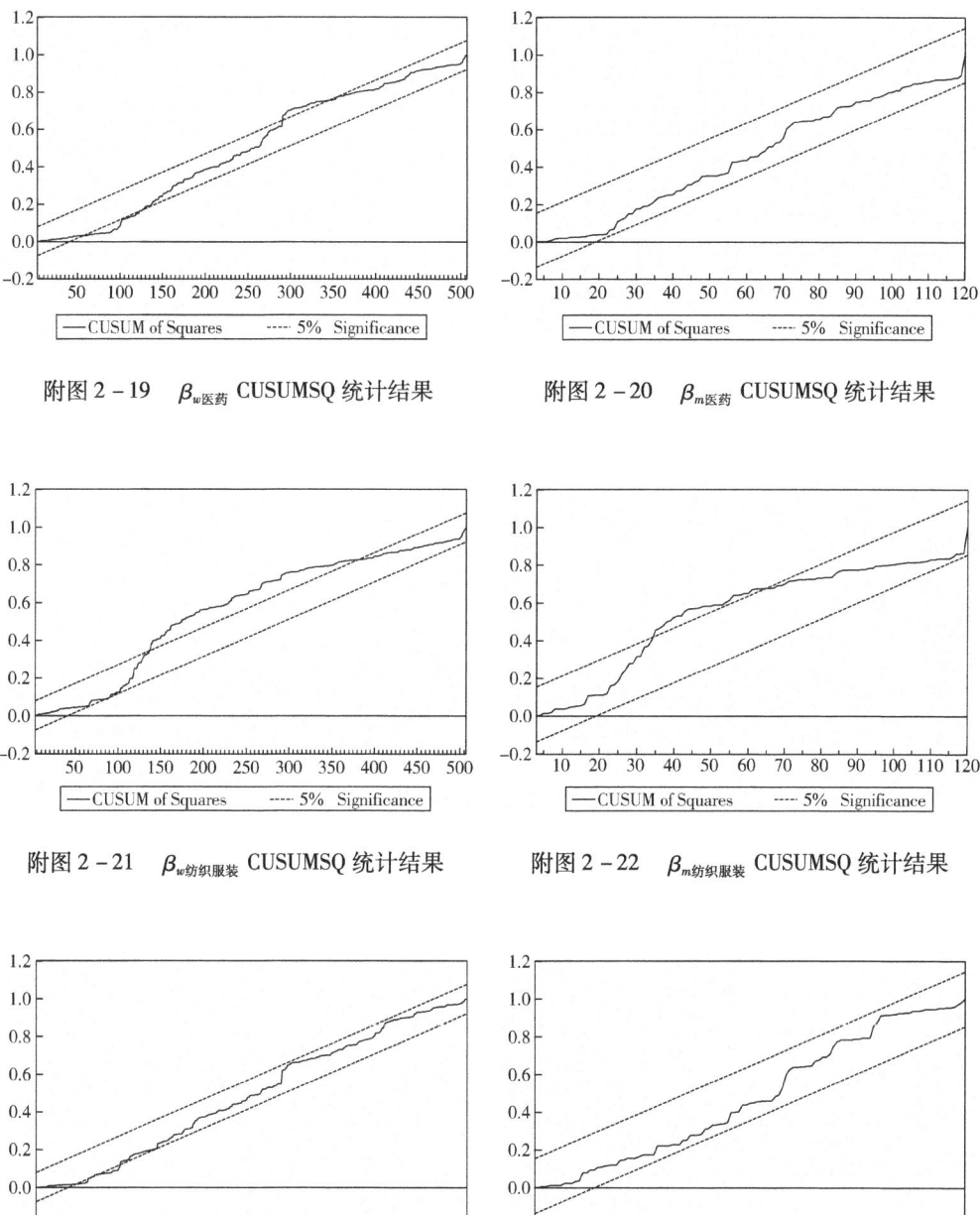

附图 2-19　$\beta_{w医药}$ CUSUMSQ 统计结果　　附图 2-20　$\beta_{m医药}$ CUSUMSQ 统计结果

附图 2-21　$\beta_{w纺织服装}$ CUSUMSQ 统计结果　　附图 2-22　$\beta_{m纺织服装}$ CUSUMSQ 统计结果

附图 2-23　$\beta_{w食品饮料}$ CUSUMSQ 统计结果　　附图 2-24　$\beta_{m食品饮料}$ CUSUMSQ 统计结果

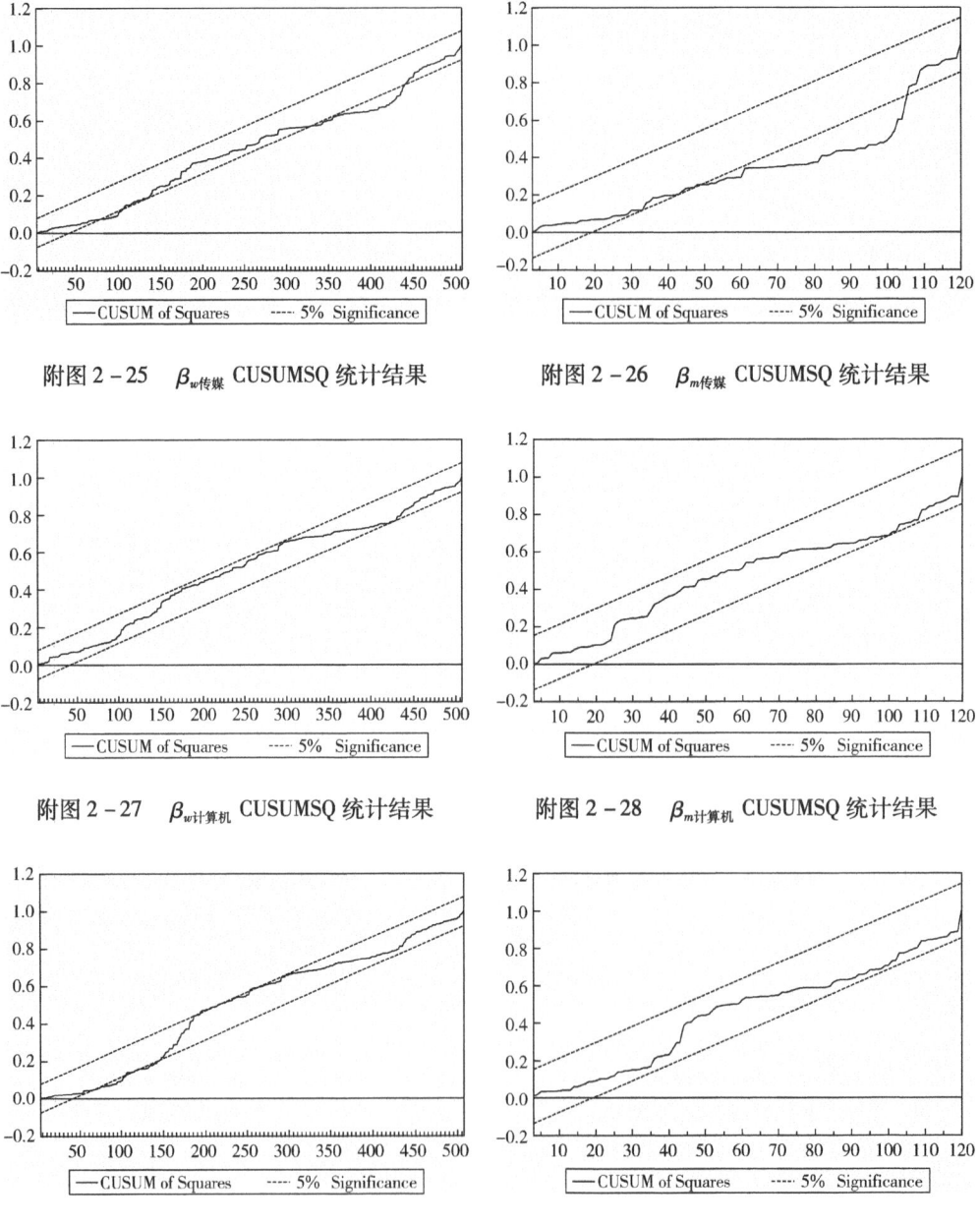

附图 2-25 $\beta_{w传媒}$ CUSUMSQ 统计结果

附图 2-26 $\beta_{m传媒}$ CUSUMSQ 统计结果

附图 2-27 $\beta_{w计算机}$ CUSUMSQ 统计结果

附图 2-28 $\beta_{m计算机}$ CUSUMSQ 统计结果

附图 2-29 $\beta_{w通信}$ CUSUMSQ 统计结果

附图 2-30 $\beta_{m通信}$ CUSUMSQ 统计结果

注：CUSUMSQ 两条平行虚线表示 CUSUMSQ 检验在 5% 显著性水平下的临界值边界，实线表示递归残差时间序列波动路径。如果实线波动范围没有超过虚线部分，则可认为 Beta 系数稳定，反之则不稳定。

数据来源：附图 2-19 至附图 2-30 由笔者总结。

由附图 2-19 至附图 2-30 可知：①比较两种收益率下输出结果可见，周收益率下统计量溢出置信带现象的行业个数更多，除计算机行业外的其他行业都存在 Beta 系数不稳定现象，而月收益率中只有纺织服装行业和传媒行业存在统计量溢出置信带现象，进一步说明样本行业 Beta 系数的月收益率估计结果稳定性总体略好于周收益率估计结果；②传媒、纺织服装行业的 Beta 系数不稳定性最为明显，纺织服装行业在周收益率下出现 Beta 系数不稳定情况的区间最长，传媒行业在月收益率下出现 Beta 系数不稳定情况的区间最长；③大部分行业在历史回归期限为 7 年（含）以上时未出现置信带溢出现象，可以认为较长回归期限有利于 Beta 系数的稳定。可见，CUSUMSQ 检验结果与 Chow 检验结果基本一致，只是在 Beta 系数稳定性时间段等细节方面略有差异。这可能源于两种方法检验原理不同：Chow 检验侧重于假定断裂点变化情况，而 CUSUMSQ 检验侧重于整个回归时段变化情况。

（四）对系统性风险度量及公司估值结果影响的实证模拟

若按近十年我国市场历史平均水平①，R_f 取值 3.00%，R_m 取值 13.45%，则式（13-4）进一步变化为：

$$\frac{\Delta P}{P} = \frac{-10.45\% \times \beta \times \frac{\Delta \beta}{\beta}}{3\% + 10.45\% \times \beta \times \left(1 + \frac{\Delta \beta}{\beta}\right)} \quad (\text{附}2-9)$$

根据附表 2-3 的数据和式（附 2-9），继续以 2014 年 12 月 31 日为评估基准日，分别统计各样本行业系统性风险度量及公司估值最大可能误差的实证模拟结果，其中，在不同回归期限（1~10 年）和相同收益率度量时限下的结果如附表 2-6 所示，在相同回归期限（7~10 年）②和不同收益率度量时限下的结果如附表 2-7 所示。

---

① 2005—2014 年期间，我国一年期银行定期存款利率在 2.25% ~ 4.14% 范围内浮动，沪深 300 指数平均年收益率为 13.45%。此处取值与第四章式（4-5）相同。

② 鉴于实证分析前三部分均已证明当回归期限为 7 年（含）以上时，样本行业 Beta 系数估计结果具有更好的稳定性，此部分只统计分析各样本行业在 7~10 回归期限下的同期误差，以集中考察 Beta 系数相对稳定情况下不同收益率度量时限对系统性风险度量及公司估值结果可能产生的影响。

附表 2-6　不同回归期限（1~10 年）和
相同收益率度量时限下最大可能误差的实证模拟　　　　　%

行业	$\left(\dfrac{\Delta\beta_{wn}}{\beta_{wn}}\right)_{\max}$	$\left(\dfrac{\Delta P}{P}\right)_{\min,1}$	$\left(\dfrac{\Delta\beta_{wn}}{\beta_{wn}}\right)_{\min}$	$\left(\dfrac{\Delta P}{P}\right)_{\max,1}$	$\left(\dfrac{\Delta\beta_{mn}}{\beta_{mn}}\right)_{\max}$	$\left(\dfrac{\Delta P}{P}\right)_{\min,2}$	$\left(\dfrac{\Delta\beta_{mn}}{\beta_{mn}}\right)_{\min}$	$\left(\dfrac{\Delta P}{P}\right)_{\max,2}$
医药	104.87	-37.66	-51.19	60.41	106.71	-36.74	-51.62	58.09
纺织服装	98.21	-38.45	-49.55	62.48	83.43	-35.04	-45.48	53.94
食品饮料	44.47	-22.32	-30.78	28.73	40.38	-20.65	-28.77	26.02
传媒	133.24	-42.69	-57.13	74.49	51.10	-24.52	-33.82	32.48
计算机	93.19	-37.17	-48.24	59.15	98.44	-37.50	-49.61	59.99
通信	77.17	-31.79	-43.56	46.62	51.57	-24.79	-34.03	32.95

数据来源：笔者总结。

附表 2-7　相同回归期限（7~10 年）和
不同收益率度量时限下最大可能误差的实证模拟　　　　　%

行业	$\left(\dfrac{\beta_{wn}-\beta_{mn}}{\beta_{mn}}\right)_{\max}$	$\left(\dfrac{\Delta P}{P}\right)_{\min,3}$	$\left(\dfrac{\beta_{wn}-\beta_{mn}}{\beta_{mn}}\right)_{\min}$	$\left(\dfrac{\Delta P}{P}\right)_{\max,3}$
医药	21.80	-12.91	-17.90	14.83
纺织服装	7.44	-5.34	-6.92	5.64
食品饮料	3.76	-2.59	-3.63	2.66
传媒	14.01	-9.11	-12.29	10.02
计算机	13.97	-9.39	-12.26	10.36
通信	2.62	-1.84	-2.56	1.88

数据来源：笔者总结。

经实证模拟可见：①在 1~10 年的回归期限下，两种收益率下公司价值变化率最大可分别达到 -42.69%~74.49% 和 -37.50%~59.99%，可见回归期限设定差异对样本行业系统性风险度量及公司估值结果影响显著；样本行业 $\dfrac{\Delta\beta_{mn}}{\beta_{mn}}$ 和 $\left(\dfrac{\Delta P}{P}\right)_2$ 的最大可能变化区间总体小于 $\dfrac{\Delta\beta_{wn}}{\beta_{wn}}$ 和 $\left(\dfrac{\Delta P}{P}\right)_1$，说明收益率度量时限设定差异同样对样本行业系统性风险度量及公司估值结果存在影响，且月收益率估计结果的精确度略好于周收益率估计结果；②在相同回归期限（7~10 年）下，即样本行业 Beta 系数已相对稳定时，公司价值误差幅度均有明显改善。$\dfrac{\beta_{wn}-\beta_{mn}}{\beta_{mn}}$ 和

$\left(\frac{\Delta P}{P}\right)_3$ 的最大可能变化区间最小为通信行业的 -2.56%~2.62% 和 -1.84%~1.88%，最大为医药行业的 -17.9%~21.8% 和 -12.91%~14.83%。数据表明，在样本行业 Beta 系数较为稳定且已剔除回归期限差异影响的情况下，收益率度量时限设定差异仍会对系统性风险度量及公司估值结果造成一定的估算精度差异。

（五）实证分析结论

综合以上四个步骤的实证结果及分析，总结如下：①时间要素设定差异会显著影响非周期性行业 Beta 系数稳定性。验证假说 1。②时间要素设定差异会显著影响非周期性行业系统性风险度量及公司估值结果。验证假说 2。③样本行业 Beta 系数估计结果在回归期限为 7 年（含）以上时具有更好的稳定性。Beta 系数的周收益率估计结果和月收益率估计结果相对独立，虽然前者的 Beta 系数估计效果和标准差、MAD 值检验得到的稳定性在回归期限较短时略好于后者，但 Chow 检验、CUSUMSQ 检验以及 Beta 系数对系统性风险度量及公司估值结果影响的实证模拟结果均证明后者的稳定性和精确度总体好于前者。所以审慎设定时间要素，有利于提高非周期性行业 Beta 系数的稳定性，同时降低系统性风险度量及公司估值误差。验证假说 3。

五、结论及比较

本部分以 2005 年 1 月 1 日—2014 年 12 月 31 日为样本周期，以医药、纺织服装、食品饮料、传媒、计算机、通信等 6 个非周期性行业板块收益率及市场平均收益率的周数据和月数据为研究样本，对三个研究假说进行实证检验，与已有文献结论进行对照研究。研究发现，对于非周期性行业，Beta 系数跨期时变、时间要素设定差异同样关系到其系统性风险度量及公司估值结果的精确度；"7~10 年"是更为可取的 Beta 系数估计时段[①]，此时应优先选择以"月"为单位的收益率度量时限，其次是以"周"为单位；通过审慎设定时间要素，可以提高 Beta 系数稳定性，同时降低系统性风险度量及公司估值误差。

---

① 实证结果表明，样本行业 Beta 系数估计结果在回归期限为 7 年（含）以上时具有更好的稳定性，但考虑到 Beta 系数跨期时变的内生性、回归样本数据规模无限扩大的操作意义，以及关于 Beta 系数最佳估计时段的现有结论等因素，Beta 系数回归期限不宜过长，以 7~10 年更为可取。

与部分已有研究结果相比，本书第四章研究结论的普适性得到验证，只是在 Beta 系数最佳估计时段的具体选择方面略有差异：对于周期性行业，回归期限为"5~10 年"或"周"收益率度量时限下的 Beta 系数估计效果总体更佳；对于非周期性行业，回归期限为"7~10 年"或"月"收益率度量时限下的 Beta 系数估计效果总体更佳。实证结果也可以证明，样本行业 Beta 系数估计结果围绕均值 1 随机发生，并具有收敛趋势，这些结论与已有文献结论一致；并且，非周期性行业中增长型样本行业 Beta 系数的稳定性整体好于防守型样本行业。

参考文献

[1] Alexander G J, Chervany N L. On the estimation and stability of beta[J]. Journal of Financial and Quantitative Analysis,1980,15(01):123 – 137.

[2] Ball R, Brown P. An empirical evaluation of accounting income numbers[J]. Journal of Accounting Research,1968:159 – 178.

[3] Bosworth B P, Lawrence R Z. Commodity prices and the new inflation [M]. Washington:Brooking Institution Press,1982.

[4] Brealey R A, Myers S C. Principles of financial management[M]. New York:McGraw – Hill,1996.

[5] Brooks R D, Faff R W, Lee J H H. Beta stability and portfolio formation[J]. Pacific – Basin Finance Journal,1994,2(4):463 – 479.

[6] Brown S J. The number of factors in security returns[J]. Journal of Finance,1989,44(5):1247 – 1262.

[7] Carling K, Jacobson T, Linde J, et al. Exploring relationships between firms' balance sheets and the macro economy[C]. Atlanta:Federal Reserve Bank of Atlanta and the Journal of Financial Stability,2003,1.

[8] Chermack T J. Studying scenario planning:theory, research suggestions, and hypotheses [J]. Technological Forecasting & Social Change,2005,72(1):59 – 73.

[9] Chu K Y, Morrison T K. The 1981—1982 recession and non – oil primary commodity prices[J]. Staff Papers – International Monetary Fund,1984:93 – 140.

[10] Cox J C, Ross S A. The valuation of options for alternative stochastic processes[J]. Journal of financial economics,1976,3(1):145 – 166.

[11] Davutyan N, Roberts M C. Cyclicality in metal prices[J]. Resources Policy,1994,20(1):49 – 57.

[12] Dorfman J H, Lastrapes W D. The dynamic responses of crop and livestock prices to

money – supply shocks: A bayesian analysis using long – run identifying restrictions [J]. American Journal of Agricultural Economics,1996,78(3):530 – 541.

[13] Fahey L. Competitor Scenarios: Projecting a rival's marketplace strategy [J]. Competitive Intelligence Review,1986(2):10 – 17.

[14] Fama E F, French K R. A five – factor asset pricing model[J]. Journal of Financial Economics,2015,116(1):1 – 22.

[15] Fama E F, French K R. Dividend yields and expected stock returns[J]. Journal of Financial Economics,1988,22(1):3 – 25.

[16] Fama E F, French K R. The cross – section of expected stock returns[J]. Journal of Finance,1992,47(2):427 – 465.

[17] Feldstein M S. Inflation, tax rules, and capital formation[M]. Chicago: University of Chicago Press,1983,66(3):856.

[18] Fink A, Schlake O. Scenario management an approach for strategic foresight[J]. Competitive Intelligence Review,2000,11(1):37 – 45.

[19] Fletcher J. An examination of alternative factor models in UK stock returns[J]. Review of Quantitative Finance and Accounting,2001,16(2):117 – 130.

[20] Guillen P, Kesten O. Matching Markets with mixed ownership: the case for a real – life assignment mechanism[J]. International Economic Review,2012,53(3):1027 – 1046.

[21] Grilli E R, Yang M C, Quadrio – Curzio A, et al. Real and monetary determinants of non – oil primary commodity price movements[M]. Basingstoke: Palgrave Macmillan UK,1981.

[22] Heer M, Koller T, Schauten M, et al. The valuation of cyclical companies[J]. Retrieved August,2000,11(9):1 – 19.

[23] Janine M. Cyclical and non – cyclical industries[N]. The Courtenay Comox Valley Record,2008 – 7 – 10:A.31.

[24] Jensen M C. Risk, the pricing of capital assets, and the evaluation of investment portfolios[J]. Journal of Finance,1969,24(5):959 – 960.

[25] Jin Q L. Business cycles, accounting behavior and earnings management[D]. Hong Kong: Hong Kong University of Science and Technology,2005.

[26] Kahn H, Wiener A. The year 2000: a framework for speculation on the next thirty –

three years [M]. London: Collier – Macmillan, 1967.

[27] Karceski J, Lankonishok J. The risk and return from factors[J]. Journal of Financial and Quantitative Analysis, 1998, 32(2): 159 – 188.

[28] Kim K. Dollar exchange rate and stock price: evidence from multivariate cointegration and error correction model[J]. Review of Financial Economics, 2003, 12(3): 301 – 313.

[29] Kolb R W, Rodriguez R J. The regression tendencies of betas: A reappraisal[J]. Financial Review, 1989, 24(2): 319 – 334.

[30] Labys W C, Maizels A. Commodity price fluctuations and macroeconomic adjustments in the developed economies[J]. Journal of Policy Modeling, 1993, 15(3): 335 – 352.

[31] Levine R, Zervos S. Stock markets, banks, and economic growth[J]. American economic review, 1998: 537 – 558.

[32] Lippitt J W, Lewis E. Valuing businesses in cyclical industries[J]. Journal of Business & Economics Research, 2012, 10(12): 673 – 680.

[33] Logue D E, Aber J W. Beta coefficients and models of security return[J]. Journal of Finance, 1974(29): 382 – 383.

[34] Nicolaas, Fraser P G. Share prices and macroeconomic factors[J]. Journal of Business Finance & Accounting, 1997, 24(9 – 10): 1367 – 1383.

[35] Porter R B, Ezzell J R. A note on the predictive ability of beta coefficients[J]. Journal of Business Research, 1975, 3(4): 365 – 372.

[36] Maysami R C, Howe L C, Hamzah M A. Relationship between macroeconomic variables and stock market indices: Cointegration evidence from stock exchange of Singapore's all – sector indices [J]. Jurnal Pengurusan, 2004, 24: 47 – 77.

[37] Rigobon R, Sack B. Measuring the reaction of monetary policy to the stock market [J]. Quarterly Journal of Economics, 2001, 118(2): 639 – 669.

[38] Rjoub H, Tursoy T, Gunsel N. The effects of macroeconomic factors on stock returns: Istanbul stock market[J]. Studies in Economics and Finance, 2009, 26(1): 36 – 45.

[39] Roll R, Ross S A. An empirical investigation of the arbitrage pricing theory[J]. Journal of Finance, 1980, 35(5): 1073 – 1103.

[40] Suozzo P, Cooper S, Sutherland G, et al. Valuation multiples: A primer[J]. Global Equity Research, 2001, 11: 1-47.

[41] Witter M S D. How we value stocks[J]. Equity Research Europe, 1999: 101-131.

[42] Zarb B. Valuation of airline companies: a function of earnings or cash? [J]. International Journal of Business, 2014, 8(2): 59.

[43] 达莫达兰. 投资估价——评估任何资产价值的工具和技术[M]. 朱武祥, 邓海峰, 译. 北京: 清华大学出版社, 1999.

[44] 达莫达兰. 估值——难点、解决方案及相关案例[M]. 李必龙, 译. 北京: 机械工业出版社, 2013.

[45] 安德森. 商务与经济统计[M]. 北京: 机械工业出版社, 2005: 214-218.

[46] 科勒, 格德哈特, 韦塞尔, 等. 价值评估: 公司价值的衡量与管理[M]. 高健, 魏平, 朱晓龙, 等, 译. 北京: 电子工业出版社, 2007.

[47] 史蒂芬·罗斯, 伦道夫·韦斯特菲尔德, 布拉德福·乔丹, 等. 公司理财[M]. 9版. 吴世农, 沈艺峰, 王志强, 等, 译. 机械工业出版社, 2012: 247.

[48] 曹红英, 阳玉香. 套利定价模型在我国证券市场的适用性[J]. 统计与决策, 2005(10): 117-119.

[49] 陈继勇, 袁威, 肖卫国. 流动性, 资产价格波动的隐含信息和货币政策选择——基于中国股票市场与房地产市场的实证分析[J]. 经济研究, 2013(11): 43-55.

[50] 陈浪南, 屈文洲. 资本资产定价模型的实证研究[J]. 经济研究, 2000(4): 26-34.

[51] 陈蕾. 基于投资价值类型的评估理论研究述评[J]. 经济问题探索, 2013(5): 167-172.

[52] 陈蕾. 周期性公司估值问题研究述评[J]. 首都经济贸易大学学报, 2015(1): 122-128.

[53] 陈蕾, 古梦迪. 蒙特卡罗模拟在周期性公司收益法估值预测中的应用[J]. 财会通讯, 2013(6): 112-114.

[54] 陈蕾, 李和荟, 王弘祎. 周期性公司估值框架构建[J]. 经济与管理研究, 2016(10): 118-125.

[55] 陈蕾, 刘旭. FCFF模型参数选取对企业价值影响的统计分析[J]. 财会月刊, 2012(27): 40-45.

[56] 陈蕾,马轶芳.基于APT的周期性公司估值折现率测算[J].财会月刊,2017(4):60-64.

[57] 陈蕾,王敬琦.Beta系数跨期时变与公司估值[J].统计研究,2016(8):37-46.

[58] 陈蕾,王敬琦.非周期性行业Beta系数跨期时变特征及估值研究[J].中国资产评估,2017(6):22-34.

[59] 陈蕾,银力辉.剖析敏感性分析在周期性公司估值中的应用[J].财会月刊,2016(12):14-19.

[60] 陈蕾,于田.谈退出倍数法的理论框架及其在周期性公司估值中的应用[J].财会月刊,2017(19):53-58.

[61] 陈蕾,郑悦.周期性行业的范围界定与阶段性特征:1990—2014年[J].改革,2015(9):53-62.

[62] 陈小伟.基于中国远洋的周期性行业企业价值评估研究[D].杭州:浙江财经大学,2014.

[63] 陈一博,宛晶.经济周期、货币供给周期动态影响下上市公司盈利波动和估值变动——A股市场周期波动的一个解释框架[J].广东金融学院学报.2012(9):005.

[64] 陈梓炜,李圆.多因素敏感性分析在项目经济评价中的运用[J].价值工程,2014,33:130-131.

[65] 丁志国,苏治,杜晓宇.溢出效应与门限特征:金融开放条件下国际证券市场风险对中国市场冲击机理[J].管理世界,2007(1):007.

[66] 丁志国,苏治,赵晶.资产系统性风险跨期时变的内生性:由理论证明到实证检验[J].中国社会科学,2012(4):83-102.

[67] 高善文.主动信贷创造和资产价格重估[J].首席财务官,2007(8):44-49.

[68] 郜志宇.经济剧烈波动条件下矿业企业价值评估研究——以铁矿企业为例[D].北京:中国地质大学,2011.

[69] 郭庆奎.对周期性公司价值评估方法的研究——以钢铁行业上市公司为例[D].北京:首都经济贸易大学,2012.

[70] 国务院国资委产权管理局投资价值评估课题组.投资价值评估[M].北京:中国市场出版社,2016:147-148.

[71] 韩辉.收益法在周期性行业评估中的应用研究[D].大连:东北财经大学,2010.

[72] 何本虎. 寻找周期性行业的潜力品种——关于周期性行业的重新审视及八个代表性周期行业的时机抉择[J]. 证券导刊, 2005(34): 18.

[73] 何国亮. 对亏损及周期性企业公司价值评估方法的探讨[D]. 成都: 西南交通大学, 2004.

[74] 贺强. 论我国经济周期、政策周期与股市周期的互动关系[N]. 上海证券报, 2002.

[75] 黄钦. 周期性行业企业估值探索[D]. 北京: 中国人民大学, 2009.

[76] 火颖, 张汉飞. FCFE模型进行估价的方法应用——青岛啤酒股票价值分析[J]. 山东社会科学, 2004(5): 55-57.

[77] 霍新颖. 收益法评估企业价值影响因素的敏感性分析[D]. 西安: 长安大学, 2014.

[78] 贾俊平, 何晓群, 金勇进. 统计学[M]. 北京: 中国人民大学出版社, 2009: 138-145.

[79] 姜国华, 饶品贵. 宏观经济政策与微观企业行为[J]. 会计研究, 2011(3): 9-18.

[80] 孔令伟, 梅婷婷. 双因素敏感性分析在国民经济评价中的应用[J]. 华东公路, 2013(4): 93-96.

[81] 孔庆辉. 宏观经济波动、周期型行业和资本结构选择[J]. 北京理工大学学报: 社会科学版, 2012(12): 31-35.

[82] 李福贵. 上海股票市场风险因子数量研究——基于APT模型的分析[J]. 消费导刊, 2010(3): 98-98.

[83] 李建华, 王永录. 用正交实验法进行多因素敏感性分析[J]. 技术经济, 1995(7): 59-61.

[84] 李晏兵. 收益法评估中的敏感性分析[J]. 中国资产评估, 2007(11): 13-15.

[85] 梁芸, 孙建波. 货币供给对股市估值水平的动态影响[J]. 经济研究导刊, 2010(25): 49-52.

[86] 刘格辉, 孙静. 探析市盈率法在企业价值评估中的应用[J]. 湖南财经高等专科学校学报, 2006(4): 10-11.

[87] 刘霖, 秦宛顺. 中国股票市场套利定价模型研究[J]. 金融研究, 2004(6): 44-55.

[88] 刘仁和, 汪永兰, 李刚. 上海股市证券贝塔(β)的区间效应[J]. 当代财经, 2003

(5):46-49.

[89] 刘树成.新中国经济增长60年曲线的回顾与展望[J].学术动态:北京,2010(5):11-24.

[90] 刘文秀.多因素模型下资产定价理论与套利定价理论比较[J].辽宁税务高等专科学校学报,2006,18(3):45-46.

[91] 刘霞辉.资产价格波动与宏观经济稳定[J].经济研究,2002(4):11-18.

[92] 刘欣明.基于宏观因素变动的中国股票市场估值研究[D].北京:华北电力大学,2012.

[93] 刘怡伶.周期性行业的投资决策研究[D].湖北:华中科技大学,2004.

[94] 刘勇.我国股票市场和宏观经济变量关系的经验研究[J].财贸经济,2004(4):21-27.

[95] 刘忠海,葛新元.国信证券:周期性公司财务预测和估值方法研究[EB/OL].(2005-7-22)[2013-12-6].http://wenku.baidu.com/link? url = tl75xam gvxuivnyk0wjjr7eju2fiduviuhm86hu - vb7ycnz53xncewptmyxumkmwaq4khegklsbdd evddzsjawptfkr4g_drq - 5390rog3s.

[96] 娄伟.情景分析方法研究[J].未来与发展,2012,35(9):17-26.

[97] 罗国彦,周勇.浅析汇率变动对股市的影响[J].知识经济,2009(16):33-34.

[98] 毛雅娟,李善民,黄宇轩.宏观经济,政府干预与资产价格波动——基于VAR和RVAR的传导机制研究[J].证券市场导报,2014(8):13-22.

[99] 瞿强.资产价格波动与宏观经济政策困境[J].管理世界,2007(10):139-149.

[100] 上海证券交易所,中证指数有限公司.关于发布上证周期行业50、非周期行业100指数的公告[EB/OL].(2010-1-12)[2014-3-6].http://www.sse.com.cn/market/sseindex/diclosure/c/2441.shtml.

[101] 上海证券交易所,中证指数有限公司.关于发布上证消费80、上证自然资源、沪深300周期与非周期指数的公告[EB/OL].(2010-5-6)[2014-3-6].http://www.cnstock.com/paper_new/html/2010-05/06/content_18943.htm.

[102] 沈艺峰,洪锡熙.我国股票市场贝塔系数的稳定性检验[J].厦门大学学报:哲学社会科学版,1999(4):62-68.

[103] 苏冬蔚,曾海舰.宏观经济因素与公司资本结构变动[J].经济研究,2009(12):52-65.

[104] 苏卫东,张世英.上海股市 β 系数的稳定性检验[J].预测,2002,21(2):44-46.

[105] 苏治,丁志国,方明.跨期系数时变结构研究[J].数量经济技术经济研究,2008(5):135-145.

[106] 孙广生.经济波动与产业波动(1986—2003)——相关性,特征及推动因素的初步研究[J].中国社会科学,2006(3):62-73.

[107] 孙君敏,王频.基于因子分析的套利定价模型及实证研究[J].财贸研究,2007(1):87-92.

[108] 孙晓涛.周期性行业论析[J].华北电力大学学报:社会科学版,2012,3:31-35.

[109] 谭峻,赵亮,王智鹏.风物长宜放眼量——周期视角下矿业资产估值问题研究[J].2011(2):17-23.

[110] 田大伟.宏观因子套利定价模型的因子筛选及在中国股票市场的应用[J].西安财经学院学报,2006,19(5):40-45.

[111] 田光明.情景分析法[J].晋图学刊,2008(3):7-9.

[112] 汪珍,李敏.APT模型对深圳股票市场有效性的实证检验[J].中国集体经济,2012(9):105-106.

[113] 王京,石香江,牛丽贤,等.基于情景分析法的我国铜资源需求预测[J].中国国土资源经济,2015(5):53-57.

[114] 王荆杰.深市行业贝塔系数的稳定性与时变性研究[D].厦门:厦门大学,2009.

[115] 王克平.企业竞争情报危机预警信息分析方法研究综述[J].情报科学,2014(2):151-156.

[116] 王培辉.货币冲击与资产价格波动:基于中国股市的实证分析[J].金融研究,2010(7):59-70.

[117] 王荣娟.套利定价理论及其在重工制造业的实证分析[J].经营管理者,2010(3):89-90.

[118] 王书贤.如何评估周期性公司的价值[J].技术经济,2005(2):55-55.

[119] 温彬,刘淳,金洪飞.宏观经济因素对中国行业股票收益率的影响[J].财贸经济,2011(6):51-59.

[120] 吴林娜.经典估值理论在周期性行业的应用研究[D].上海:华东师范大

学,2006.

[121] 夏彩云,刘静.敏感性分析在企业投资项目风险评估中的应用——以 A 公司为例[J].财会通讯:综合,2012,2:129-131.

[122] 夏凌娟,彭婉丽.中国能源消费和经济增长及碳排放的情景分析[J].中国商论,2016(3):177-180.

[123] 夏亚芬.宏观经济与股票价格关系的分析[J].现代商业,2008(8):80-81.

[124] 徐大卫.周期性的估值[J].投资与合作,2008(9):40.

[125] 薛爽.经济周期,行业景气度与亏损公司定价[J].管理世界,2008(7):145-150.

[126] 杨峰,姚乐野,范炜.情景嵌入的突发事件情报感知:资源基础与实现路径[J].情报资料工作,2016(2):39-44.

[127] 杨高宇.中国股市周期与经济周期的动态关联研究[J].工业技术经济,2011(10):150-160.

[128] 易纲,王召.货币政策与金融资产价格[J].经济研究,2002(3):13-20.

[129] 尹康.套利定价模型对上证 B 股的实证检验[J].湖北经济学院学报:人文社会科学版,2008,5(9):43-44.

[130] 于红霞,钱荣.解读未来发展不确定性的情景分析法[J].未来与发展,2006,27(2):12-15.

[131] 曾薇.收益法评估火力发电企业价值的敏感性分析[D].沈阳:辽宁大学,2014.

[132] 张关心,阳玉香.套利定价模型在上海股票市场的有效性检验[J].长沙理工大学学报:社会科学版,2004,19(4):65-67.

[133] 张俊瑞.资产结构、资产流动性与企业价值研究[M].西安:西安交通大学出版社,2012.

[134] 张莎莎.沪深上市公司估值指标体系设计与估值模型研究[D].西安:西安理工大学,2009.

[135] 张妍.套利定价理论在中国上海股市的经验检验[J].世界经济,2000(10):19-28.

[136] 张宗新,朱伟骅.中国证券市场系统性风险结构的实证分析[J].经济理论与经济管理,2005(12):32-37.

[137] 赵景文.用 ADF 方法检验中国 A 股 β 系数的平稳性[J].中央财经大学学报,

2005(8):72-75.

[138] 赵振全,张宇.中国股票市场波动和宏观经济波动关系的实证分析[J].数量经济技术经济研究,2003(6):143-146.

[139] 宗蓓华.战略预测中的情景分析法[J].预测,1994(2):50-51.

后　　记

本书从立意酝酿到编撰成书，历时五年（2012年6月至今）。现在看来，五年的时光既短暂，又漫长，既是一个意志锤炼的过程，也是一种享受幸福的历程。学术的魅力与庄重，研究的激情与乐趣，钻研问题的困顿与惶惑，解决问题的豪气与决心，百般滋味涌上心头。

本书完成之际，我首先要衷心地感谢我的博士生导师汪海粟教授、博士后合作导师贺强教授以及重庆智库理事长兼《改革》杂志社总编辑王佳宁研究员。汪老师是我博士求学生涯与教师职业生涯的启蒙老师，他总是在最关键的时刻给予我指引，让我在朦胧之中顿悟、在犹豫之中坚定、在迷茫之中明确方向。贺老师是我从事博士后研究的领路人，为我提供多种在交叉方向上发挥自身专业特长的机会，促使我不断实现学术研究与综合素质的自我提升。王理事长长期跟踪中国改革开放前沿问题，直接参与相关改革政策研究与起草，是京、渝、苏、粤、湘等多地政府决策顾问；与王理事长虽然只有几面之缘，但他对我每一次的严格质询、精湛提点与热忱鼓励，总能令我醍醐灌顶，大局观念随之提高，学术视野随之扩展。

本书完成期间，我有幸作为章节撰稿人参与完成国务院国有资产监督管理委员会2013年度软课题"投资价值类型资产评估理论与实务研究"（课题编号：2013-A5-4），并历经三年于2016年1月参与出版《投资价值评估》一书。较之于我参与过的其他课题，这一课题研究历程颇具特殊意义。不仅在于其研究周期长、内容难度高、团队阵容大、投入精力多，更在于它见证着三年里我的成长。这种成长得益于课题组及其评审专家的帮助和激励。在此，特别感谢国务院国有资产监督管理委员会产权管理局郜志宇副局长、王伟处长、马锋副处长等各位领导，以及王生龙先生、刘登清先生、肖力先生、朱军先生、金大鹏先生、张京京女士、赵强先生、陈少瑜先生等各位专家。他们对年轻人不吝援手，循循善诱，对我的研究工作提供了诸多良好的建议，其中许多成为我完成本书写作的思路源泉和能力支柱。

本书部分内容是我主持的国家社会科学基金项目（资助编号：15CGL013）、中国博士后科学基金特别资助项目（资助编号：2014T70206）、中国博士后科学基金一等面上资助项目（资助编号：2013M540203）的阶段性研究成果。在本书写作期间，我先后于2011年4月和2014年4月入选首都经济贸易大学"中青年骨干教师"及"后备学科带头人"培养计划，并于2014年9月被公派到美国密歇根州立大学商学院访学一年。在此，一并感谢全国哲学社会科学规划办公室、中国博士后科学基金会、首都经济贸易大学及其财政税务学院的支持！

此外，还要感谢首都经济贸易大学财政税务学院的各位领导与同事，他们在工作和生活上给予我亲切的关怀和热情的帮助，与他们在课题研究、书稿写作过程中的交流和讨论也使我深受启发！感谢我的学生王敬琦、马轶芳、李和荟、古梦迪、郑悦、银力辉、于田、刘旭、莫荣团、王弘祎，他们在不同时期分别参与了部分资料的搜集整理工作。感谢首都经济贸易大学出版社为本书的出版所付出的辛勤劳动，感谢杨玲社长对本书提出的宝贵意见以及各位编辑对本书的用心设计和仔细校对。

最后，特别感谢我的亲人友朋对于我的信任、关爱与支持！

谨以此书献给所有关心、支持和帮助过我的人们！

陈蕾

2017年5月